政治倫理Q&A

読売新聞政治部 編著

太陽出版

はじめに

「良き市民の第一の義務は必要な時に怒ることである。そして行為によってその怒りを示すことである」

19世紀後半から20世紀初頭にかけて、英国政治史に政治学者あるいは政治家として足跡を残したジェームス・ブライスの言葉である。

政治腐敗を許さないという民主主義の基本原則は、今も変わらない。むしろ、個人の人権や自由がより確立された現代のほうが、民主主義の基本原則を具現することは容易なはずである。しかし、21世紀の今日になっても、政治腐敗を払拭し、腐敗政治家を根絶やしにすることは容易ではない。

時として「市民の怒り」が、政治倫理を逸脱した政治家を、その職から追放することもあるが、腐敗が白日の下にさらされながら公職に居座り続ける政治家もいる。さらには、別の政治家によって同じような腐敗が繰り返されることも少なくない。

そんな時、「市民の怒り」は無力であるかのように映り、そのたびに政治や政治家への不信が増幅される。今日、私たち「市民」の間には、怒ることへの倦怠感さえ漂っている。

政治がなかなか変わらないことへの苛立ちと無力感は、その裏返しとして政治に対する関心の低下を招き、若い世代ほどその度合いは深刻である。この悪循環によって、わが国の民主政治は“政治不信症候群”ともいうべき状況に陥っている。

この病状を少しでも快方へ向かわせるためには、ブライスが説くように「行為によってその怒りを示す」という良き市民の義務を、飽きずに、厭わずに繰り返すしかない。それを放棄した時、私たちの民主主義は重大な危機に直面するだろう。

本書では、政治家が守るべきルールをＱ＆Ａの形式でわかりやすく紹介するよう努めた。同時に、近年の政治家の汚職事件やモラルを逸脱した行為をたどっている。

本書が、政治に携わる方たちにとっては、すべきこととすべきでないことを再確認していただくための手引きになればと思う。なかんずく、政治を見守る立場の方たちにとって、「必要な時に怒り、行為によって怒りを示す」ための一助になればと願っている。

2003年３月

Question Answer

もくじ

政治倫理 Q&A

はじめに

PART－Ⅰ

政治家と犯罪

PART－Ⅱ
政治倫理に関する基本的規範

PART－Ⅲ
政治資金

PART－Ⅳ

国会議員の収入

PART－Ⅴ

選挙違反

カバーデザイン／遠山デザイン事務所
本文レイアウト／ガレージ

PART－I
政治家と犯罪

Question. 1
政治家が賄賂をもらったり要求するとどうなるか

Answer

収賄罪になる

収賄罪は、公務員が職務に関して賄賂を収受、要求、約束する罪のことで、刑法197条１項に「公務員又は仲裁人が、その職務に関し、賄賂を収受し、又はその要求若しくは約束をしたときは、５年以下の懲役に処する。この場合において、請託を受けたときは、７年以下の懲役に処する」と規定されている。造船疑獄、共和製糖事件、ロッキード事件、リクルート事件、KSD事件など、戦後多くの汚職事件が発覚したが、その主役は、一般の公務員であることは少なく、政治家である例がほとんどだ。茨城県知事らが相次いで逮捕されたゼネコン汚職事件のように、地方自治体の首長や地方議員が摘発される例も少なくない。

収賄罪に関連する規定は、これまでたびたび改正されてきた。当初は197条の単純収賄罪と加重収賄罪、198条の贈賄罪だけだった。しかし、その後、197条が改正されて受託収賄罪と事前収賄罪を追加。さらに197条３に事後収賄罪が新設され、197条の４としてあっせん収賄罪も設けられた。収賄罪関連規定が拡大されてきたのは、とりもなおさず、公務員、とりわけ政治家の行為に疑惑の目が向けられてきたからにほかならない。

Question.2

公務員の「職務権限」とは

Answer

公務員がその地位に伴い公務として取扱うべき一切の職務

収賄罪でいう「職務」とは、「公務員がその地位に伴い公務として取り扱うべき一切の職務」（最高裁判例）と解されている。また、職務権限を持つ公務員に対して金品が提供された場合、権限を行使することの対価であろうと、権限を行使しないことの対価であろうと収賄罪は成立する。

しかし、政治家の収賄罪を問おうとする場合、政治家に職務権限があるかどうかが常に問題となる。一般の官僚などと異なり、直接行政処分を行うわけではなく、権限行使のあり方が外部から見えにくいためだ。

Question.3

収賄罪につながる、政治家の「職務権限」とは

Answer

一般的な職務権限に属する行為とその職務に密接に関連する行為

従来の判例・学説は、職務の解釈について、法令上職務権限を持つものと厳密にとらえたうえで、一般的職務権限には属さないが、実質上職務権限に匹敵する場合は「職務密接関連行為」として罪の対象となると解してきた。そうした中で、「画期的な判断」と評されたのが、「首相の犯罪」を問うたロッキード裁判丸紅ルートの95年２月22日の最高裁大法廷判決である。田中角栄元首相の職務権限について、下級審は、首相には閣議で決定したことに対する責任があるとの論理構成をとった。ところが最高裁は、首相には「行政各部に対する指導、助言等の指示を与える権限」があることを根拠に職務権限を認めた。首相が運輸相に対して、民間の航空会社に特定の機種の航空機購入を勧めるよう働きかける行為を職務行為と認定した。つまり、首相が閣議を通さず、事実上の働きかけを行う行為も収賄罪に問うことができると判断したのである。

Question.4

金銭や物品以外ならば賄賂にはならないか

Answer

不正な報酬であればそれに限らない

賄賂は、一般的には金銭や物品であることが多いが、不正な報酬であればそれに限らない。債務の弁済や、飲食物の提供、異性間の情交、就職のあっせん、無利子の貸与なども賄賂に当たる場合がある。値上がり確実な未公開株の譲渡や、総務省に適法に届け出た政治献金でも、不正な報酬と認定されれば賄賂となる。

Question.5

政治献金と賄賂の違いは何か

Answer

政治献金は法に違反しない政治資金の寄付金のこと。賄賂は公務員の職務に関する不正な報酬のこと

政治資金規正法は、政治活動が公正かつ公明に行われるように、政治家や政党などの政治団体による政治活動を「国民の不断の監視と批判の下に行われるようにする」（１条）ことを狙いとしている。具体的には、政治団体に対し、毎年１回、年間の政治資金の収支について報告書を作成して提出することを義務づけている。これを官報などで一般に公表することで、政治資金の流れを国民に明らかにして、その判断を仰ぐというものだ。

これに対して、賄賂罪の規定は、国家作用の公正さに対する国民の信頼を守るためのものと解されている。公務の不公正な執行により、国民の信頼が損なわれるのを避けようというものだ。

このように、政治献金と賄賂の概念は異なっており、政治資金規正法に基づいて届け出などの手続きを行ったとしても、その資金が公務員の職務に関する不正な報酬としての利益であり、職務行為の間に対価性が認められれば、賄賂と認定され得る。

Question.6

物的証拠がなくても収賄罪は成立するか

Answer

成立した例がある

賄賂の認定は必ずしも容易ではない。贈収賄事件は明確な物証がないことが、ほとんどだからだ。

実際、88年に発覚したリクルート事件では、リクルート社が藤波孝生元官房長官に贈った未公開株を賄賂と認めるかどうか裁判所の判断が割れた。藤波元官房長官側は未公開株について「通常の政治資金だった」として賄賂性を否定する主張を展開。1審・東京地裁判決（94年9月）は、「賄賂であることを認識させるような特別な事情がない」ことなどを理由に賄賂性を否定し、無罪とする判断を下した。

ところが、2審・東京高裁判決（97年3月）では、逆に賄賂性を幅広くとらえ、「賄賂であると認識するのが困難な特段の事情がない以上、賄賂性の認識があったと言える」と判断。藤波元官房長官に逆転有罪を言い渡した。最高裁も99年10月、2審の判断を支持して上告を棄却。89年の起訴から10年目にして懲役3年、執行猶予4年、追徴金4270万円の有罪が確定した。

ゼネコン汚職事件であっせん収賄罪に問われた中村喜四郎元建設相も、大手ゼネコン鹿島から受け取った1000万円について「不定期な政治献金だった」と主張。1審で実刑判決を受けた後も、政治資金として適正に処理しなかったことについて「(政治資金規正法) 違反なので、今では大いに反省している」(2000年8月、控訴審での被告人質問) などと述べて賄賂性を否定し続けたが、東京高裁は2001年4月に控訴を棄却し、最高裁も2003年1月に上告を棄却。中村元建設相は衆院議員を失職した。

このように、賄賂性を幅広く認定して摘発する司法の流れは定着しつつある。2000年に表面化したケーエスデー中小企業経営者福祉事業団（KSD）事件で、東京地検特捜部は2001年2月、小山孝雄元参院議員をKSD側に秘書給与3166万円（追起訴分含む）を負担させたとして受託収賄罪で起訴。給与肩代わりを、初めて賄賂と認定した。また、東京地検特捜部は村上正邦元参院議員についても、7288万円の賄賂を受け取ったとして受託収賄罪で起訴した。このうちの2288万円は事務所家賃であり、家賃の肩代わりを賄賂と認定した異例のケースとなった。

コラム

法廷で暴露された贈収賄の舞台裏

政治家の贈収賄事件の裁判では、①贈賄側から請託があったか②授受されたカネが政治献金ではなく賄賂と言えるか——が大きなポイントになる。検察側は、これを立証するため、証言や検事調書の提出などにより、さまざまな贈収賄事件の生々しい舞台裏を明らかにしてきた。

リクルート事件

受託収賄罪に問われた池田克也元公明党衆院議員（１審で有罪確定）の側近だった元秘書が検察側証人として出廷。かつて仕えた“先生”の腐敗ぶりを内部告発した。

証言によると、リ社の辰巳雅朗元社長室長らは池田元議員に対し、「青田買いの問題は、就職雑誌を発行するリ社の存在価値に関わる問題。困っている」などと、国会でリ社に有利な質問をするよう依頼。元秘書は「代議士が、辰巳さんらが持参したリ社の国会質問案を見ながら口述したものを、私が聞きとって質問原稿に清書した。その原稿に基づいて質問された」と、リ社側が質問案まで用意したことを証言した。

さらに元秘書は、「辰巳さんが何かを新聞紙に包んで持ってきたことがある。リ社ではないが、前にも同様のことがあり、通常リベートの類が多い」と、現金贈与の可能性を強く示唆する証言をした。元秘書は証言の動機について、「社会正義の実現が公明党の理想だったが、池田元代議士はこの理念と相いれないものがあった。政治家はいつも（法の網を）すり抜け、国民の政治不信を招く」と述べた。

共和汚職事件

検察側冒頭陳述で、受託収賄罪に問われた阿部文男元北海道沖縄開発庁長官（最高裁で有罪確定）のすさまじいタカリ体質が白日の下に曝された。

阿部元長官は、贈賄側・共和の森口五郎元副社長と知り合った直後、都内の高級料亭に招待され、「次の組閣では必ず大臣になり、共和のために尽力するので、資金の援助をしてもらいたい」と早速、カネを無心。共和が抱えていた架空取引のトラブルの解決に一役買った後には、「オレも役に立つだろう。思いは思い、礼は礼とはっきりしたほうが長続きするよな。今回は100億円の仕事だから、１億円でどうだ」と謝礼を要求。森口元副社長が「会社としても苦しいので、半分の5000万円にしてください」と値切ると、「まあ、ええわ」。

長官に就任した阿部元長官は「共和のためになることも全力でやるよ」と約束。就任祝賀会の席で「きょうは、お祝いを持ってきています。中身はレンガ２個です」と言う森口元副社長から現金2000万円を受け取った。

札幌市に建設が予定されていた全天候型スポーツ施設「ホワイトドーム」をめぐって、共和側が「予定地について内々に教えてほしい」などと持ちかけると、「わかった。任せておけ。鉄骨工事受注の件はオレが話をつける」と確約したという。

阿部元長官の厚顔無恥は、検察側証人として出廷した森口元副社長の証言でも次々に明らかになる。阿部元長官は共和側に「大臣になるにはカネがいる。自分の派閥の先輩にも挨拶しないといけない」などと、入閣のための猟官運動費の提供を要請。森口元副社長は「1000万円で阿部先生が大臣になれるなら、ここで恩を売っておけば、どんな大臣になっても、今後、共和のために働いてくれる」と思い、まず1000万円の資金提供を決めたという。

さらに阿部元長官は高級料亭で森口元副社長に対し、「今度が最後のチャンスだ。一応のことはしてあるが、問題は宏池会（宮沢派）の推薦だ。組閣前にもう１回1000万円必要になるかもしれない」とカネを要求。数日後に「急いで1000万円を届けてくれ」と電話。森口元副社長が衆院議員会館の阿部事務所にカネを持参すると、阿部元長官は「ありがとう。急いで届けなきゃならない」と事務所を飛び出していったという。

ゼネコン汚職事件

あっせん収賄罪に問われた中村喜四郎元建設相（最高裁で有罪確定）が、建設業界の談合事件をめぐる公正取引委員会の刑事告発を回避しようと積極的に動いたことが、検察側冒頭陳述や関係者の証言で浮き彫りになった。

冒頭陳述によると、贈賄側・ゼネコン「鹿島」の清山信二元副社長は、中村元建設相について「建設族議員の中でも特にゼネコン業界に好意的で、行動力もある」と思い、中元の名目で政治献金100万円を持参した際に、告発回避を働きかけるよう請託。中村元建設相は、その4日後に公取委事務局幹部に談合事件の調査状況と処分の見通しを尋ねた。清山元副社長は中村元建設相に対して計5回にわたって請託を重ね、元建設相はその都度、公取委側に告発の見通しをただすなどの働きかけをした。

5度目の請託で清山元副社長は「このままでは告発は必至の状況。是が非でも回避しなければならない」と一層の働きかけを要請。中村元建設相に賄賂1000万円を渡したという。

こうした請託を受けて、中村元建設相は公取委トップの梅沢節男公取委委員長（事件当時）にも接触。梅沢氏は、中村元建設相が公取委委員長室を訪れたの際の詳細なやり取りを法廷で証言した。

元建設相「告発をやめてもらえませんか」

梅沢氏「駄目です」

元建設相「どうしても駄目ですか」

梅沢氏「検察と協議して決めるので」

元建設相「公取の判断でやめてくれませんか」

梅沢氏「脱税事件で、国税庁長官が告発見送りの申し入れを受けて、やめるわけにはいかないのと同じですよ」

こうした押し問答が約30分続いたという。梅沢氏は「(元建設相は）折り目正しく丁重な言葉遣いだったが、調子が激しくなる場面もあり、告発をやめさせたいという気迫を感じた。最後はムッとした表情で部屋を出ていった」と語った。

元建設相は数日後にも公取委委員長室を訪れ、「今度やったら告発されても仕方ないが、今回だけはやめてもらえませんか」と梅沢氏に再度、告発見送りを要請した。度重なる働きかけについて、梅沢氏は「事柄が事柄だけに愉快な話ではなかった。告発方針、基準に該当する事案で、恣意的に告発をやめてしまうのは、公取委の裁量を逸脱することになる」と指摘。証言の最後に梅沢氏は、「本日お話したことは、私の体験したことです。間違いありません」と断言した。

Question.7

あっせん収賄罪とは

Answer

公務員が人から頼まれて、他の公務員に不正な行為をするよう働きかけ、その報酬を受け取ったり、要求・約束をすること

公務員が請託を受け、他の公務員に対し、職務上不正な行為をするように、または相当な行為をしないように働きかけ、その報酬として賄賂を受け取るか、要求や約束をした場合に成立する。

罰則は５年以下の懲役と規定されている（刑法197条の４）。

Question.8

あっせん収賄と単純収賄の違いは何か

Answer

あっせん収賄罪では、職務権限がなくても収賄行為があれば処罰される。また、「不正行為のあっせん」の存在が必要で、単に金を渡しただけでは罪にならない

あっせん収賄罪の最大の特徴は、単純収賄と違って、職務権限がない場合でも収賄行為があれば処罰の対象となることだ。ただ、単純収賄は適法な行為に対する謝礼でも犯罪が成立するが、あっせん収賄は「不正行為のあっせん」の存在が必要で、単に金を渡しただけでは罪にならない。

コラム

あっせん収賄罪

1958年に追加された罪だが、捜査当局は請託の存在や不正であるという認識を証明しなければ立件することができず、実際の適用例は単純収賄罪などに比べて極めて少ない。国会議員の摘発例は、日通事件（68年）以来、ゼネコン汚職事件(94年）での中村喜四郎元建設相逮捕まで26年間、全く例がなかった。

宮城県や茨城県の知事らが東京地検特捜部に逮捕され、世間を揺るがせたゼネコン汚職事件は、公共工事の発注権者である首長に業者が賄賂を贈り、巨額の公共工事を受注するという構図だった。このため、疑惑の対象者に職務権限があることは明白で、検察側は単純収賄罪で立件することができた。ところが、中村元建設相のケースでは、首長のような公共工事の発注権者ではないため、カネの流れがあっても職務権限がなく、単純収賄罪が適用できなかった。

このため、検察当局は、中村元建設相が、大手ゼネコン鹿島の元副社長から、「刑事告発を見送るよう公正取引委員会に働きかけてほしい」という公取委員長の裁量権を侵す不正な請託を受け、同委員長に「告発見送り」という不正な要請をしたという流れに基づいて、あっせん収賄罪適用に踏み切った。中村元建設相、元副社長、公取委員長の３人に「不正」の認識があったことを立証しなければならない重い決断だった。

その結果、東京地裁での1審判決、東京高裁での2審判決はともに不正を認定。2001年4月の2審判決は「中村被告の行為は単なる陳情ではなく、公取委員長に執ように談合告発の見送りを迫った『働きかけ』そのもの」と指摘し、懲役1年6月、追徴金1000万円とした1審判決を支持し、中村元建設相の控訴を棄却した。裁判長は「廉潔性を保つべき国会議員が、公正取引委員会の職務執行の公正さを侵害しようとしたもので、国政に対する信頼を著しく失った」と断罪、口利き政治を強く批判した。

中村元建設相は上告したが、最高裁は2003年1月、上告を棄却し、有罪が確定。元建設相は衆議議員を失職した。

Question.9

あっせん利得罪とは何か

Answer

公職にある政治家が人から頼まれて、他の公務員に何らかの行為をするよう働きかけ、その報酬を受け取ったり、要求・約束をすること

あっせん利得処罰罪は、①国会議員、地方自治体の首長、地方議員が②国や地方公共団体が締結する売買、貸借、請負その他の契約、または特定の者に対する行政庁の処分に関し③請託を受けて④その権限に基づく影響力を行使して、公務員にその職務上の行為をさせるように、またはさせないようにあっせんをすること、またはしたことについて⑤その報酬として財産上の利益を収受した――場合に成立する。

Question. 10

あっせん利得罪を犯すとどうなるか

Answer

3年以下の懲役等に処される

3年以下の懲役に処せられる。このほか、次の規定が設けられている。

①国や地方自治体が資本金の2分の1以上を出資している法人の契約に関しても3年以下の懲役に処せられる

②国会議員の秘書が同様の行為をした時は2年以下の懲役

③財産上の利益を供与した者は1年以下の懲役または250万円以下の罰金

また、処罰範囲が不当に広がる可能性があるとして、「政治活動を不当に妨げることのないように留意しなければならない」との注意規定も盛り込まれた。

Question. 11

あっせん利得とあっせん収賄の違いは

Answer

あっせん収賄罪は公務員に職務上不正な行為をさせた場合に限って成立するのに対し、あっせん利得罪は適正な行為をさせた場合でも成立する

中村喜四郎元建設相があっせん収賄罪に問われたゼネコン汚職事件や中尾栄一元建設相の収賄事件を契機に、政治家が口利きによって利益を得ようとする行為に批判が高まった。2000年11月に議員立法で成立した「あっせん利得処罰法」は、公務員に対する口利きを規制する点で刑法のあっせん収賄罪と同じだが、あっせん収賄罪が公務員に職務上不正な行為をさせた場合に限って成立するのに対し、公務員に適正な行為をさせた場合でも処罰の対象となっているのが特徴だ。国会議員ら政治家と、行政機関との関係を厳格化することを目的としている。行政機関への口利きが規制されることにより、政治家は企業・団体からの資金調達が困難になると指摘された。

Question. 12

あっせん利得罪につながる国会議員の「職務権限」とは

Answer

議案発議権や修正動議提出権など

実際の適用に当たって焦点となるのは、政治家が「請託」（依頼）を受けたかどうか、また、「権限に基づく影響力を行使」したかどうかの認定だ。

特に「権限に基づく影響力を行使」というのは新たな概念であり、あっせん利得処罰法の国会審議では、「権限」について「法令に基づいて有する職務権限」のことだと説明された。具体的には、国会議員の場合は議案発議権、修正動議提出権、表決権、委員会での質疑権などが当たるとされた。

「権限に基づく影響力の行使」は、あっせんされる公務員の判断を実際に拘束する必要はないが、判断に影響を与える形で、あっせんされる公務員に影響を有する権限の行使・不行使を明示的・黙示的に示すことだとされる。

Question.13

あっせん利得罪につながる地方議員の「職務権限」とは何か

Answer

条例案の提出権、議会における評決権など

地方議員の場合、条例案の提出権、議会における評決権が当たり、首長の場合は、規則制定権、予算の調整・執行、会計の監督やその他の事務を管理し、執行する権限である。

コラム

政治家へのあっせん依頼

政治家が行政機関へのあっせんを依頼される背景には、政府が民間企業に対して大きな許認可の権限を持っていることや、地方自治体の財政が国の補助金に依存している割合が高いことなどが指摘されている。実際の許認可や予算の作成、補助事業の選定などにあたっては個々の職員の判断の余地が大きいため、政治家に「うまく取りはかってもらう」ほうがスムーズに進むというわけだ。

実際、国会議員の秘書などには、様々なあっせんの依頼が来るという。正面から役所に頼んでも無下に断られるようなケースがほとんどだ。「事業の認可申請を出したので手続きを早めるよう役所に伝えて欲しい」などの要請もあるが、「交通違反をもみ消して欲しい」などのような明らかな違法行為を求める頼みもある。

ある秘書は、そうした場合は「今はコンピューター処理になっているのでできない」などと体よく断るようにしているという。違法行為を請け負って、それが露呈しては割に合わないからだ。別のベテラン秘書は、「政治家への支持は変えないようにしながら、いかにうまくあっせん依頼を断るかが肝心だ」という。票を失わずに、断るべきことを断るのは、政治家の秘書にとって最も苦労する仕事の一つであり、それができることが優れた秘書の条件でもある。

Question. 14

族議員はあっせん収賄罪やあっせん利得罪の対象になるか

Answer

処罰対象になる

政治家のもとには、橋や道路などの公共事業や許認可に関する官庁への口利きから、陳情の橋渡し、民間企業への就職のあっせんにいたるまで、様々な要望が支持者から持ち込まれる。従来はこれにこたえ、地元に利益をもたらすことが有力政治家の証しとされた。しかし、相次ぐ汚職事件で世論の批判は厳しくなり、特に公務にかかわる利益誘導で政治家が報酬を得ることは許されなくなってきている。

従来、建設や商工、運輸などの特定業界や中央省庁に強い影響力を持つ与党の族議員は、閣僚などにならない限り、表向きの職務権限を持たないため、不明朗な資金を受け取っても収賄で摘発されることを免れてきた。逆に、献金を受けた野党議員のほうが、国会での質問にからんで摘発されやすいとの傾向さえ指摘されてきた。

ところが、職務権限のない立場での収賄行為を摘発するためのあっせん収賄罪が、国会議員としては26年ぶりに中村喜四郎元建設相に適用されたことで、どんなケースが同罪に当たるかの論議も深まってきている。大阪府営住宅工事に絡む汚職事件でも、元府議らがあっせん収賄容疑で逮捕されている。

さらに、あっせん収賄罪より適用範囲が広いあっせん利得処罰法が制定されたことで、政治家が陳情に基づいて公務員に口利きをしただけで罪に問われる可能性が出てきた。捜査当局からは汚職摘発の「有力な武器になる」との声も出ている。

ただ、同法に対しては「ざる法」との批判がないわけではない。例えば、違法となる見返りは「財産上の利益」に限られ、選挙で支援を受けることなどは処罰対象にならない。また、口利きは契約や行政処分に関するものでなくてはならず、予算や立法、条例制定は、特定業界に利益をもたらすものであっても違法とされない。

コラム

族議員とは？

良く言えば政策的に特定の分野に専門的に取り組む議員だが、悪く言えば特定の業界や省庁の利益を擁護する議員である。族議員は、政府の政策決定過程や法案の立案、審議過程で、一定の業界団体や省庁の意向を代弁する。その見返りとして、業界団体は族議員を資金的に支援したり、業界団体と関連省庁が選挙の際に族議員の集票組織になるなど相互依存、ギブ・アンド・テークの関係にある。

長期にわたって与党の立場を保持してきた自民党は、政府の政策決定への影響力が大きいため、族議員を数多く抱えている。自民党は、政務調査会の下部組織として各省庁に対応する部会を設置しており、議員はそれぞれ専門とする、あるいは専門としたい分野の部会に属している。各省庁が法案を国会に提出する際や重要な政策を決定し、遂行する場合には慣例として部会の承認を得なければならないため、族議員を行政側が無視することはできない。ただ、自民党以外の政党にも長年、国会の特定の委員会に所属して法案審議に影響力を持つことなどにより、族議員的な議員がいないわけではない。

族議員は、省庁再編前の旧省庁ごとの自民党部会の割り振りに従い、建設族（旧建設省)、農林族（旧農水省)、商工族（旧通産省)、郵政族（旧郵政省)、国防族（防衛庁）などと呼称される。自民党では、地元選挙区への公共事業予算の配分で恩恵を受けやすい建設族、農林族、産業界とのパイプができることで政治資金面での恩恵を期待できる商工族は、「御三家」と称される。

族議員は、特定の業界団体の既得権益を守ろうとしたり、関係省庁への影響力を維持しようとするため、行財政改革や構造改革、規制緩和の抵抗勢力となることが少なくない。また、族議員の存在が政治腐敗、金権政治、利益誘導型政治の温床となっていることも否定できない。

Question. 15

私設秘書はあっせん利得罪の対象になるか

Answer

処罰対象になる

2000年11月のあっせん利得処罰法成立時の国会審議で最大の焦点となったのは、対象に私設秘書を含めるかどうかだった。野党側は「私設秘書は国会議員と一体となって政治活動を補佐している」として対象に含めるよう主張したが、法案を提出した自民党など与党側は「私設秘書は公務員としての権限を持たない私人だ」と反論。あっせん収賄罪が私設秘書を対象としないこととのバランスも考慮され、結局、処罰対象に含まれなかった。

しかし、国会審議の中で、与党側は「私設秘書が政治家の代わりにあっせん行為を行って利益を得た場合は政治家自身が処罰される」との見解を表明。さらに、口利きの見返りとして、政治資金団体や政党支部が報酬を受け取ったケースでは「政治家本人が支配力、実質的処分権を有すると認められる場合」は、本人に罪が成立する可能性があるとされた。

2002年の通常国会では、加藤紘一元自民党幹事長の事務所代表（私設秘書）による口利き疑惑など、秘書や元秘書による公共工事などをめぐる口利き疑惑が相次いで表面化した。このため、国会議員の私設秘書も処罰対象に加える法改正が行われた。

Question. 16

国会の会期中に国会議員が逮捕されることはあるか

Answer

所属する議院が認めた場合は逮捕される

国会議員の不逮捕特権とは、憲法50条で、「国会議員は、法律の定める場合を除いて、国会の会期中逮捕されず、会期前に逮捕された議員は、その議院の要求があれば、会期中、釈放されなければならない」と定められていることを指す。例外は、院外での現行犯による逮捕の場合と、会期中でも逮捕許諾請求が所属する議院によって認められた場合だ。院内での演説、討論、表決についての院外での「免責特権」（憲法51条）と併せて、「国会議員特権」とされている。

コラム

秘書が、秘書が……

「秘書がやったことで、自分は知らなかった」

政治家の金銭スキャンダルが発覚すると、耳にタコができるほど聞かされるのが、この逃げ口上である。

最もはなはだしかったのは、リクルート疑惑だ。

後に最高裁で収賄の有罪判決が確定する藤波孝生元官房長官は、秘書が株譲渡を受けていたことが発覚した88年10月29日、「けさ、電話で彼（秘書）に問い合わせて初めて知った。リクルート関係者から話があって譲り受けた、と聞いた」と、あくまで自分の知らないところで秘書が行った行為だったと強調。売却益についても、「秘書が自分で確保していると思う」と語った。

同じ日に秘書への株譲渡が明らかになった渡辺秀央元官房副長官（元郵政相）も、「秘書が私の名前でやっていた。秘書に経理を任せていた。自分は知らなかった。きょう新幹線の中で東京事務所に連絡して初めて知った」との言い訳に終始した。

リクルート疑惑が次々に表面化した当時の安倍晋太郎自民党幹事長は、秘書の株売買が明るみに出ると、「私は全く知らない。秘書に聞いてみる」。加藤六月元農相も「秘書がやったことだ」と述べるだけだった。

当時の宮沢蔵相（元首相）に至っては、釈明が二転三転どころか六転七転した。

株譲渡疑惑が発覚した88年7月6日、「私の名前が出て驚いている。秘書も知らないと言っているし、勝手に名前が使われたのではないか」と発言。7月15日になると、「秘書から報告が来た。友人から株を購入したいので名義を貸してほしいとの依頼があった。秘書は取引に関与せず、報酬を受け取ってもおらず、問題はないと思うが、好ましくはない」と弁明。

10月11日、共産党が公表したリ社関連会社の内部資料に自らの名が登場すると、「発表された資料の真偽が分からない。何回も申し上げてきたが、秘書が名前を貸したというだけで、私自身は取引に関与していない」。しかし、10月14日に衆院税制特別委で追及されると、「秘書を通じて（名義を貸した秘書の友人に）確かめたところ、株の取得が容易になると考え、宮沢名義にした」と自身の名義だったことを認めた。

さらに江副浩正リ社元会長が11月21日の衆院税制特別委員会での証人喚問で、「株譲渡は（宮沢氏の）秘書に直接話した」と証言すると、記者会見で「そのことについて別段何も報告を受けたことはない。そのことは聞いていなかった。私に直接関係ないことは、はっきりしたわけだ」と強調したが、翌日になって「21日深夜に秘書から電話があり、実は86年夏ごろ、リクルートの方にお会いし、株の話が出た。報告しなくて申し訳なかった、と言っていた」と語った。結局、宮沢氏は翌月9日、蔵相辞任に追い込まれた。

自民党議員だけではない。88年11月2日、リクルート疑惑で元秘書の名前が浮上した社会党の上田卓三衆院議員は、事情説明を求める党執行部に対し、「自分は元秘書の確認を何回も取っている。元秘書は現在、モスクワにいる。関与の事実の有無が確認できないため、時間を貸してほしい。私自身は一切関知していない」などと釈明したが、その2日後に議員辞職を余儀なくされる。

上田氏は、辞職にあたって発表した「所信」の中でも、「私は、リクルート非公開株の譲渡には一切関与しておりません。元秘書については、3度にわたって事実無根である旨の確認をしており、私は現在もこの言葉を信じております」と重ねて自らの不関与を強調した。

そして、「秘書が、秘書が」という申し開きが繰り返される中で、最大の悲劇が起きる。リクルート事件の責任を取る形で89年4月25日に退陣を表明した竹下首相（当時）の元秘書で、いわゆる「金庫番」だった青木伊平氏が退陣表明の翌朝、自宅で首吊り自殺しているのを家人に発見されたのである。青木氏は東京地検特捜部の事情聴取を受けていた。竹下氏は疑惑発覚以来、一貫して、青木氏が独断で売買したもので、売却益が自分の政治資金に入ったことはない、と説明していた。

こんな悲劇を経験した後も、「秘書が、秘書が」と政治家が弁解する構図は変わっていない。リクルート事件発覚から10数年後に表面化したケーエスデー中小企業福祉事業団（KSD）による資金提供疑惑でも、同じような言い訳が繰り返された。

KSD側から計1500万円の資金提供を受けた疑惑をめぐり、2001年2月26日に衆院政治倫理審査会（政倫審）で審査を受けた額賀福志郎元経済財政担当相は、「秘書から報告を受けるまで、1500万円の大金を保管していたことを全く知らなかったことを、天地神明に誓って明確に申し上げる。カネは議員会館の秘書の机の引き出しに、そのまま保管されていた。秘書から電話で報告を受け、即座に返却するよう指示した」と、不自然さを拭えない弁明を重ねた。

KSD事件で収賄容疑で逮捕・起訴された村上正邦元参院自民党議員会長も、２月28日の参院予算委員会での証人喚問で、KSD側による自民党員集めと党費肩代わり疑惑を追及され、「私は党員獲得、後援会作りには関与していない。選対事務所ができて、そこでいろいろと選対メンバーがやっている」と、自らの関与を否定した。

繰り返される秘書やスタッフへの“責任転嫁”は、トカゲの尻尾切りにほかならない。こうした政治家の姿勢が、政治不信、いや政治家不信を増幅させていることを、当の政治家たちは痛いほどわかっているはずなのだが……。

Question. 17
なぜ国会議員には不逮捕特権があるのか

Answer

捜査機関の不当・横暴な逮捕によってその地位を脅かされ、国会の審議を妨げられないため

国会議員の不逮捕特権は、議員への刑事責任追及を阻むものでは決してない。国民の代表である国会議員が「検察ファッショ」などと呼ばれる捜査機関の不当・横暴な逮捕によって、その地位を脅かされ国会の審議が妨げられることがないように保障するとの趣旨によるものだ。各国で同様の制度が認められている。戦後の日本社会では、司法当局が特定の目的を持って国会議員を大量に逮捕するというようなケースは今のところ想定されず、また、不逮捕特権が、国会議員による証拠隠滅や公判対策などに悪用されかねないことから、不逮捕特権を認めるべきではないとの意見も根強い。

不逮捕特権は、かつては検察当局への大きなプレッシャーになっているとの見方が強かった。例えば、1992年１月に阿部文男元北海道沖縄開発庁長官が逮捕

されたケースは、通常国会開会前の国会閉会中の間げきを突くものだった。最近は逮捕許諾請求を国会が速やかに受け入れるケースが多く、疑惑を持たれた国会議員は会期に入ったからといって胸をなでおろすことができない状況が続いている。

Question.18

逮捕許諾請求の手続はどう進められるか

Answer

裁判所の逮捕許諾要求書の提出を受け、内閣が議院に請求する

国会の会期中に捜査機関が国会議員を逮捕する場合に、その議員が属する議院の許可を得る手続きを、逮捕許諾請求という。

手続きとしては、捜査機関が国会法に基づいて逮捕状を裁判所に請求した後、裁判所が逮捕許諾要求書を内閣に提出し、内閣は閣議を経て、議員が所属する議院に逮捕許諾請求を提出する——との手順を踏む。議院側は議院運営委員会を開き、捜査当局から容疑事実や逮捕する必要性などについて説明を聴き、質疑を行った後に、その可否を議決する。委員会、本会議とも可決した場合に逮捕は認められ、裁判所は逮捕状を出す。

裁判所が内閣に提出する逮捕許諾要求書は、おおむね次ページのような書面（縦書）となっている。

衆院議員の逮捕につき許諾を求める件

衆院議員　○○××

右の者に対する△△法違反事件につき、東京地検検事から左の被疑事実について逮捕状の請求があり、令状を発付することを相当と認めるので、憲法並びに国会法の規定により許諾を求めることを要求する。

被疑者は、…………

国会議員に対する逮捕許諾請求は、1967年の大阪タクシー汚職事件以来、長い間行われなかった。手続きに時間がかかり、その間に証拠隠しなどが行われる恐れがあることから、捜査当局が国会閉会中の逮捕や在宅起訴で対処してきたためだ。

この「慣行」を破ったのが、94年、ゼネコン汚職で東京地検特捜部からの出頭要請を拒否していた中村喜四郎元建設相に対する逮捕許諾の請求手続きで、実に27年ぶりのものだった。その後行われた許諾請求では、請求後速やかに許諾されているケースが多い。

Question.19

逮捕許諾請求が取り下げられた例はあるか

Answer

請求の対象となった議員が自殺したため、取り下げられたことがある

98年２月19日に、逮捕許諾請求が出ていた新井将敬衆院議員が逮捕直前に東京都内のホテルで首吊り自殺したケースである。日興証券からの利益供与事件で逮捕許諾請求が出ていた新井議員に対しては、衆院議院運営委員会が全会一致で逮捕の許諾を決定。19日夕方には本会議で議決し、東京地検特捜部が同日夜にも逮捕する手はずとなっていた。新井議員の自殺を受けて、衆院議院運営委員会は、ただちに許諾請求の本会議上程の取りやめを決め、内閣も請求を取り下げた。

コラム

国会議員の免責特権が争われたケースとは

憲法は51条で「両議院の議員は、議院で行った演説、討論又は表決について、院外で責任を問われない」として、いわゆる国会議員の「免責特権」を定めている。これは、国会議員は、国民の信託により、全国民の代表として国政を審議するというきわめて重い職務を担っていることから、信じるところに従って自由に意見表明ができないと職責を果たせず、結果的に国民にとって大きな不利益が生じかねないとの考え方による。

免責特権が法廷で争われた最近のケースとしては、「議員の国会発言が原因で夫が自殺した」として、妻が議員を相手取って損害賠償を請求した例がある。この訴訟は、1985年に衆院社会労働委員会の審議中に、竹村泰子衆院議員が「札幌市内の病院長が破廉恥な行為をした。院長は薬物を常用するなど精神状態が異常だった」といった趣旨の発言をし、それが原因で院長が自殺したとして、院長の妻が竹村氏に損害賠償を求めたもの。

最高裁は「公務員は職務で行った行為について個人責任を負わない。負うのはあくまで国」という国家賠償法の原則を理由に、憲法51条の規定を持ち出すまでもなく、公務員である国会議員が個人責任を負うことはないとして、訴えを棄却。そのうえで最高裁は、国の責任についても否定した。

最高裁はその理由について、国が議員に代わって賠償責任を負うには、「国会議員が、その職務とはかかわりなく違法または不当な目的をもって事実を摘示《てきし》し、あるいは、虚偽であることを知りながらあえてその事実を摘示するなど、国会議員がその付与された権限の趣旨に明らかに背いてこれを行使したものと認め得るような特別の事情があることを必要とする」との判断を示した。

Question.20

政治倫理審査会とは何か

Answer

政治倫理綱領・行為規範の順守を担保するために、衆参両院に設置されている審査会

国会法124条の２で定められた、「国会議員による各議院が議決した政治倫理綱領・行為規範の遵守」を担保するために、衆参両院に設置されている審査会を指す。衆院は25人、参院は15人の委員で構成する。

田中角栄元首相に対するロッキード事件の１審の有罪判決（1983年10月）をきっかけに、1985年に設置された。96年９月に、衆院政治倫理審査会で自民党の加藤紘一幹事長（当時）のヤミ献金疑惑に関する審査が行われたのが初の開催。加藤氏以前にも、田中元首相と佐藤孝行元自民党総務会長に対し、社会党などから審査申し立てが行われていたが、自民党の反対などで審査には入らなかった。98年６月には、衆院政治倫理審査会が、自民党の山崎拓政調会長（同）を呼び、「泉井石油商会」代表からの資金提供問題について審査した。2001年２月にはケーエスデー中小企業経営者福祉事業団（KSD）事件に関連し、KSD側からの資金提供問題で自民党の額賀福志郎元経済財政担当相が審査を受けたほか、2002年7月には田中真紀子元外相も公設秘書給与の流用疑惑をめぐって審査を受けた。

制度発足後、長年を経てようやく開かれるようになった背景には、92年の衆院政治倫理審査会の制度改正で、不当な疑惑をかけられたとして議員自身による審査申し出が可能になったことがある（参院は93年）。一方で、政治倫理審査会が疑惑を追及する場というよりは、政治家の側に弁明の機会を与えるだけで、「みそぎの場」になっているとの批判もある。

Question.21

政治倫理審査会は一般に公開されるか

Answer

原則は非公開

審査は非公開が原則である。しかし、2002年７月の衆院政治倫理審査会の田中真紀子元外相に対する審査は、マスコミに初めて公開され、テレビ中継も行われた。

審査の結果、「責任あり」と認められた場合、一定期間の登院自粛や、役員などの辞任勧告などが行われる。逆に責任がないと判断された場合は、名誉回復が必要な場合には必要な措置を取ることとされている。

Question.22
証人喚問とは何か

Answer

証人を国会に呼び、問いただすこと

証人喚問とは、強制力を行使して証人を国会に呼び、問いただすことをいう。憲法は、62条で衆参両院の「国政に関する調査権」を定め、出頭を求められた証人は、応じなければならないとされており（議院証言法１条）、出頭が任意に委ねられている「参考人」との大きな違いとなっている。実際には、委員会への出席を求める形で証人への要請が行われており、本会議では行っていない。虚偽証言には罰則もある。

ロッキード事件やリクルート事件で証人喚問が次々に行われ、その後、ケーエスデー中小企業経営者福祉事業団（KSD）事件で村上正邦元参院自民党議員会長、北方四島支援事業への関与問題などで鈴木宗男元北海道沖縄開発庁長官の証人喚問などが行われている。スキャンダルの追及など政治的な目的に利用されるケースが多いのが実態で、調査結果を報告書にまとめたり、事件を解明することはあまり行われていない。

Question.23

証人喚問は一般公開されるか

Answer

条件付きで公開される

証人喚問の様子のテレビ中継や写真撮影は、77年のロッキード事件の証人喚問をきっかけに、「非人道的だ」との声が高まったため、88年の議院証言法改正で禁止され、テレビも静止画像で放送されてきた。しかしその後、国民や報道機関の間から「なぜ隠すのか」との批判が高まり、98年10月に改正された議院証言法では、テレビ中継などについては、①証人喚問を行う委員会の委員長（または両院合同審査会長）が、証人の意見を聞いたうえで各委員会に諮り、許可する②その場合、証人は意見の理由を説明しなくてよい——との条件を付けて解禁することが盛り込まれた。

Question.24

国会議員はどんな行為をすると懲罰を課せられるか

Answer

暴力行為や、他人の私生活への無礼な言動、理由無く会議に出席しない、秘密会の秘密を漏らす行為などをした場合

憲法は、「両議院は、院内の秩序をみだした議員を懲罰することができる」（58条２項）と定めており、これに基づいて衆参両院は懲罰委員会を経て議員を懲罰に付することがある。懲罰権は、議事手続きや委員会など内部組織の議院自身による決定などとともに、行政などの干渉から国会を守るための議院の「自律権」の一つとされている。

懲罰の対象となるのは、暴力行為など会議の秩序を乱す行為や、他人の私生活にわたるなどの無礼な言動、理由無く会議に出席しない行為、秘密会の秘密を漏らす行為などである。

Question.25

懲罰動議の要件は

Answer

衆院で40人以上、参院で20人以上の賛成が必要

懲罰動議は、衆院が40人以上、参院が20人以上の賛成をもって提出するが、懲罰の対象となる問題行為が発生した後3日以内に提出しなければならない（国会法121条）。閉会中に懲罰の対象行為があった時も、国会召集後3日以内に懲罰の動議を提出することができる（国会法121条の3）。懲罰は、議長がまず懲罰委員会で審査させた後、本会議を経て議長が宣告する。

Question.26

院内の秩序を乱すと、どんな懲罰を受けるか

Answer

登院停止や除名など

処分としては、軽い順に、①本会議場での戒告②本会議場での陳謝③登院停止④除名――の４段階がある。登院停止は30日を越えることができず、さらに、除名は国会議員の地位喪失を意味するため、「出席議員の３分の2の多数による議決」（憲法58条2項）を必要とする。戦後の除名は、1950年に予算案の反対討論を行って採決で賛成した小川友三参院議員と、翌年に不穏当発言の謝罪文朗読を拒否した川上貫一衆院議員の２人だけだ。

近年、懲罰が行われた例としては、2000年11月、松浪健四郎衆院議員が衆院本会議で、演壇から野党席に向かってコップの水をまいたことから、25日間の登院停止処分を受けた。松波氏は、懲罰による処分を受けたばかりでなく、選挙区の大阪で街頭演説や会合などで頭を下げ続け、ホームページにもおわびを掲載した。また1994年６月には山口敏夫衆院議員が、衆院予算委員会でやはりコップの水をまき、陳謝を命じられる懲罰を受けている。

Question.27

議院が国会議員に辞職を勧告することはできるか

Answer

できるが、強制はできない

衆参両院が所属議員に対し、議員辞職を要求する手段が議員辞職勧告決議である。議員の身分は憲法で保障されているため、この決議案が可決されても、あくまで辞職を勧告するにとどまり、強制力はない。このため、議員が辞職しなければ、国会の権威が損なわれるとして、採決に慎重な意見も根強い。

議院辞職勧告決議案は、ロッキード事件で有罪判決を受けた田中角栄元首相など計12人に対して提出された。このうち、オレンジ共済事件で有罪判決を受けた友部達夫参院議員、あっせん収賄容疑で逮捕された鈴木宗男衆院議員、政治資金規正法違反容疑で逮捕された坂井隆憲衆院議員の３人に対し辞職勧告決議が可決されている（2003年３月現在）。

その他の辞職勧告決議案は、多数を占める与党の反対などで否決や審議未了・廃案となったが、近年は与党側が世論の批判を恐れて賛成に回り、全会一致で可決されるケースが目立っている。

Question Answer

PART－Ⅱ

政治倫理に関する基本的規範

Question.28

政治家として守るべき倫理を何というか

Answer

政治倫理という

政治倫理とは、政治家が守るべきモラルの総称である。狭義では、政治家がその地位を利用して経済的、物質的に不当な利益を得てはならないという道徳律を指す。

また、政治倫理は単なる道徳規範にとどまらず、政治倫理を担保するために刑法の収賄罪、あっせん収賄罪をはじめ、公職選挙法、政治資金規正法など様々な法規が設けられている。特にロッキード事件、リクルート事件、東京佐川急便事件など、いわゆる疑獄事件が繰り返されるたびに法規制の強化が図られている。

Question.29

政治倫理に反した行為をするとどうなる

Answer

閣僚ポストの辞任や、議員辞職、選挙での敗北に至るケースがある

政治家には一般市民に比べより高い倫理観が求められており、不透明な金銭の授受はもとより、いわゆる異性との不倫関係など社会一般の倫理に反する行為についても、政治倫理に反する行為として強い批判を受け、閣僚ポストの辞任、国会議員の辞職、選挙での敗北などに至るケースが増加している。

また、法律に違反していなくても、リクルートの未公開株取得や、森喜朗元首相が知人の会社社長からゴルフ会員権の使用権を得ていた問題など、一般市民の手の届かない利益・権益を政治家が得ている場合には、政治倫理に反する行為として世論の批判の的になり、結果として引責辞任、議員辞職などに追い込まれるケースも少なくない。

Question.30

国会議員が順守しなければならない倫理規定はあるか

Answer

「政治倫理綱領」と「行為規範」という

ロッキード事件で田中角栄元首相に対して、1983年10月に１審有罪判決が言い渡されたのを機に政治倫理の確立を求める声が高まり、85年６月の国会法改正で衆参両院に政治倫理審査会が設置され、同時に同審査会の審査の基準となる「政治倫理綱領」と「行為規範」が制定された。こうした政治倫理確立のための国会の取り組みは、ロッキード事件やダグラス・グラマン事件などの政治腐敗に厳しい世論が形成されたのに対し、国会として何らかの形で答えを出す必要に迫られたことによる。

政治倫理綱領は前文で「政治倫理の確立は、議会政治の根幹である。われわれは、主権者たる国民から国政に関する権能を信託された代表であることを自覚し、政治家の良心と責任感をもって政治活動を行い、いやしくも国民の信頼にもとることがないよう努めなければならない」と規定。本文は「われわれは、国民の信頼に値するより高い倫理的義務に徹し、政治不信を招く公私混淆を断ち、清廉を持し、かりそめにも国民の非難を受けないよう政治腐敗の根絶と政治倫理の向上に努めなければならない」など、5か条で構成されている。国会議員が何をすべきか、何をしてはならないかという具体的な規定はなく、極めて抽象的な努力目標の羅列となっている。

こうした倫理綱領の制定の動きは、後に県議会にも波及した。

政治倫理綱領

政治倫理の確立は、議会政治の根幹である。われわれは、主権者たる国民から国政に関する権能を信託された代表であることを自覚し、政治家の良心と責任感をもって政治活動を行い、いやしくも国民の信頼にもとることがないよう努めなければならない。

ここに、国会の権威と名誉を守り、議会制民主主義の健全な発展に資するため、政治倫理綱領を定めるものである。

1、われわれは、国民の信頼に値するより高い倫理的義務に徹し、政治不信を招く公私混淆を断ち、清廉を持し、かりそめにも国民の非難を受けないよう政治腐敗の根絶と政治倫理の向上に努めなければならない。

1、われわれは、主権者である国民に責任を負い、その政治活動においては全力をあげかつ不断に任務を果たす義務を有するとともに、われわれの言動のすべてが常に国民の注視の下にあることを銘記しなければならない。

1、われわれは、全国民の代表として、全体の利益の実現をめざして行動することを本旨とし、特定の利益の実現を求めて公共の利益をそこなうことがないよう努めなければならない。

1、われわれは、政治論理に反する事実があるとの疑惑をもたれた場合にはみずから真摯な態度をもって疑惑を解明し、その責任を明らかにするよう努めなければならない。

1、われわれは、議員本来の使命と任務の達成のため積極的に活動するとともに、より明るい明日の生活を願う国民のために、その代表としてふさわしい高い識見を養わなければならない。

Question.31

「行為規範」では、どんなことを定めているか

Answer

国会議員が守るべき行動基準を定めている

行為規範は、政治倫理綱領をより具体化し、国会議員が順守しなければならない行動基準を定めたものだ。1条では「議員は、職務に関して廉潔を保持し、いやしくも公正を疑わせるような行為をしてはならない」と政治家としての基本姿勢を規定。そのうえで、2条以下に順守事項、禁止事項を設けている。

その内容は、

①企業または団体の役職に就いている議員は、国会議員資産公開法に基づく関連会社等報告書を提出しなければならない場合（企業・団体から報酬を得ている場合）を除き、企業または団体の名称、役職などを議長に届出なければならない

②議長、副議長は、報酬（自己の事業にかかわるものと年間100万円以下のものを除く）を得て、企業または団体の役員などを兼務してはならない

③衆参両院の常任委員会、特別委員会の委員長、参院

の調査会長は、報酬を得て委員会所管に関連する企業または団体の役員などを兼務してはならないとなっている。

③の「所管に関連する企業または団体」とは、その委員会、調査会が所管する省庁（審議する法案の提出省庁など）が許認可権を持っていたり、補助金を交付している、あるいは請負契約を結んでいる企業・団体を指す。

ただ、②、③ともに、例えば弁護士や税理士などとしての顧問料や自らがオーナーである企業からの報酬など、議員が本業として企業・団体から報酬を得ているケースは、禁止対象から除外される。

行為規範が、国会議員に対してこうした順守義務を設けているのは、その地位を利用して企業・団体からの報酬という形で利益を得ることを防ぎ、特定の企業・団体との癒着を断つことを目的としている。

行為規範

第１条　議員は、職務に関して廉潔を保持し、いやしくも公正を疑わせるような行為をしてはならない。

第２条　企業又は団体の役職に就いている議員は、当該企業又は団体に関し政治倫理の確立のための国会議員の資産等の公開等に関する法律の規定により関連会社等報告書を提出すべき場合を除き、当該企業又は団体の名称、役職等を議長に届け出なければならない。

第３条　議員は、議長又は副議長の職にある間は、報酬（自己の事業に係るもの及び金額が年間100万円以下のものを除く。次項において同じ。）を得て企業又は団体の役員等を兼ねてはならない。

２　議員は、常任委員会長又は特別委員会の職にある間は、報酬を得てその所管に関連する企業又は役員等を兼ねてはならない。

第４条　議員は、全会派の一致をもって遵守すべき事項を申し合わせた場合は、これに忠実に従わなければならない。

第５条　行為規範の実施に関する細則は、議長が定める。

Question.32

地方議員にも倫理規定はあるか？

Answer

「県議会議員政治倫理規程」などという

全国都道府県議会議長会によると、政治倫理確立のための条例や要項を制定しているのは、宮城、埼玉、愛知県など、少なくとも11県議会に上っているという。

このうち、埼玉県の「県議会議員政治倫理規程」（94年9月26日施行）は、議会人事、政治資金、日常の政治活動、選挙の4点について「政治不信を招く公使混淆、公益の侵害をするなど政治的道義的責任を問われるような行為をしてはならない」と規定。議長、副議長在職中は報酬を得て企業や団体の役員につくことを禁じている。

埼玉県議会議員政治倫理綱領

政治倫理の確立は、議会政治の根幹である。われわれは、県民から県政に関する権能を信託された代表であることを自覚し、県議会議員としての良心と責任感を持って政治活動を行い、いやしくも県民の信頼にもとることがないよう努めなければならない。

ここに、県議会の権威と名誉を守り、議会制民主主義の健全な発展に資するため、政治倫理綱領を定めるものである。

1、われわれは、県民の信頼に値するより高い倫理的義務に徹し、政治不信を招く公私混淆を断ち、清廉を持し、かりそめにも県民の非難を受けないよう政治腐敗の根絶と政治倫理の向上に努めなければならない。

1、われわれは、主権者である県民に対し責任を負い、その政治活動においては全力をあげ、かつ不断に任務を果たすとともに、われわれの言動のすべてが、常に県民の注視の下にあることを銘記しなければならない。

1、われわれは、清潔かつ公正な議会人事の実現に努め、いささかも県民から疑惑がもたれることのないよう厳しく律しなければならない。

1、われわれは、県民の代表として、県民の全体の利益の実現をめざして行動することを本旨とし、特定の利益の実現を求めて公共の利益をそこなうことがないよう努めなければならない。

1、われわれは、政治倫理に反する事実があるとの疑惑をもたれた場合には、みずから真摯な態度をもって疑惑を解明し、その責任を明らかにするよう努めなければならない。

1、われわれは、議員本来の使命と任務の達成のため積極的に活動するとともに、豊かな県民生活を築くために、県民の代表としてふさわしい高い識見を養わなければならない。

埼玉県議会議員政治倫理規程

（倫理綱領等の遵守）

第１条　埼玉県議会議員（以下「議員」という。）は、自らの地位と責務を深く自覚し、政治倫理の確立のため制定された埼玉県議会議員政治倫理綱領（平成６年埼玉県議会告示第１号）及びこの規程を遵守しなければならない。

（政治倫理の確保）

第２条　議員は職務に関して清廉を保持し、いやしくも次に掲げる事項について、政治不信を招く公私混淆、公益の侵害をするなど政治的道義的責任を問われるような行為をしてはならない。

１　議会人事に関すること。

２　政治資金に関すること。

３　日常の政治活動に関すること。

４　選挙に関すること。

２　議員は、自らの地位と責務を自覚し、いやしくも次に掲げる行為をしてはならない。

１　刑事事犯又はこれに関与する行為

２　特定の企業・団体の利益を擁護し、公共の利益を損なう行為又はこれらのものから金銭の受入れ等をし、不当に便宜供与を受ける行為

３　その他著しく社会的非難を受ける行為

（兼業の禁止）

第３条　議員は、議長又は副議長の職にある間は、報酬（自己の事業に係るもの及び金額が年間100万円以下のものを除く。）を得て企業又は団体の役員等を兼ねてはならない。

（議会の役職辞任等の勧告）

第４条　議員が埼玉県議会議員政治倫理綱領及びこの規程に反する行為を行った場合、議会の名において、当該議員に係る議会の役職の辞任、出席停止又は議員の辞職を勧告できるものとする。

（委任）

第５条　この規程の実施に関し、必要な事項は、議長が定める。

Question.33

国会議員が公務員を兼職することはできるか

Answer

原則的に禁じられている

憲法48条は「何人も、同時に両議院の議員たることはできない」として、衆参両院議員の兼職を禁じている。また、議員は、内閣総理大臣、その他の大臣、副大臣、内閣官房副長官、内閣総理大臣補佐官、政務官と法律で定めた政府の各種委員を除いて、任期中に国または地方自治体の公務員を兼ねることはできない。ただし、両院の一致した議決に基づき、内閣行政各部の各種委員、顧問、参与、その他これらに準ずる職に就く場合は除外される（国会法39条）。

法律に定められた各種委員には、①皇室会議予備委員②皇室経済会議予備委員③検察官適格審査会委員および同予備委員④国土開発幹線自動車道建設審議会委員⑤北海道開発審議会委員⑥国土審議会委員⑦日本ユネスコ国内委員会委員⑧社会保障制度審議会委員⑨地方制度調査会委員⑩選挙制度審議会特別委員⑪国土審議会特別委員――がある。

国会議員に対して公務員との兼職を禁じているのは、

政治倫理以前の問題として、三権分立という国家の基本構造の下で、立法権、行政権、司法権をそれぞれ独立させ、対等の関係に置くためだ。同時に倫理的にも国民の代表として国会議員の職務に専念させる意味合いがある。

Question.34

閣議決定とは

Answer

行政の最高機関である「内閣」としての意思決定

日本国憲法は、国の統治機構について立法権、行政権、司法権の三権分立を定め、立法権は国会、行政権は内閣、司法権は裁判所にそれぞれ帰属させている。このうち、内閣は国の行政に関し、最高の意思決定を行う機関であり、内閣総理大臣とその他の国務大臣で構成される。

内閣が意思決定を行う会議が閣議である。民間企業で言えば取締役会や役員会、最高経営者会議などに当たる。内閣法4条は閣議について、①内閣がその職権を行うのは、閣議によるものとする②閣議は、内閣総理大臣がこれを主宰する③各大臣は、案件の如何を問わず、内閣総理大臣に提出して、閣議を求めることができる——と規定している。

閣議は秘密会で、その形態には毎週2回、火曜日と金曜日に開かれる定例閣議のほか、緊急時に開かれる臨時閣議、会議を開かず案件を回覧して賛同を求める持ち回り閣議がある。

閣議の意思決定の方法には、閣議決定、閣議了解、閣議報告がある。このうち、閣議決定は法律上閣議に付す必要があると定められた事案を決めるほか、特に政府として重要な決断をする際に行われることもある。閣議了解と比べ効力に大きな違いはないが、閣議決定の方が語感に重みがあるため、政府として重要な意思決定をしたことを強調する目的で用いられるケースが少なくない。

Question.35

国務大臣や副大臣、大臣政務官の倫理をまとめた規則はあるか

Answer

「国務大臣、副大臣及び大臣政務官規範」という

2001年1月6日の中央省庁再編に伴って、新たに副大臣、大臣政務官制度が導入された。これを機に、国務大臣等の公職にある者として清廉さを保持し、政治と行政への国民の信頼を確保するとともに、国家公務員の政治的中立性を確保する目的で閣議決定された。その内容は次の通りとなっている。

◆服務の根本基準

国務大臣、副大臣、大臣政務官は、国民全体の奉仕者として公共の利益のためにその職務を行い、公私混同を断ち、職務に関して廉潔性を保持する。

◆資産公開

国務大臣等並びにその配偶者及びその扶養する子の資産を、就任時及び辞任時に公開する。

◆公務員との関係

国家公務員法等の趣旨を踏まえ、国民全体の奉仕者として政治的中立性が求められている職員に対し、

一部の利益のために、その影響力を行使してはならない。国務大臣は、職員の任命権を一部の政治的目的のために濫用してはならない、など。

Question.36

国務大臣や副大臣、大臣政務官は企業の役職員になれるか

Answer

禁じられている

営利企業については、報酬を得ると否とにかかわらず、その役職員を兼職してはならない。公益法人その他これに類する諸団体については、報酬のない名誉職等を除き、その役職員を兼職してはならない。なお、報酬のない名誉職等を兼職した場合は、国務大臣にあっては内閣総理大臣に、副大臣等にあっては上司である国務大臣に届け出なければならない。

Question.37

国務大臣や副大臣、大臣政務官は自由業に就いてもよいか

Answer

禁じられている

自由業については、原則としてその業務に従事してはならない。やむを得ず従事する場合には、国務大臣にあっては内閣総理大臣の、副大臣等にあっては上司である国務大臣の許可を要する。

Question.38

国務大臣や副大臣、大臣政務官は株式の取引をしてもよいか

Answer

自粛しなければならない

国務大臣等としての在任期間中は、株式等の有価証券、不動産、ゴルフ会員権等の取引を自粛する。就任時に保有する株式、転換社債等の有価証券については、信託銀行等に信託することとし、在任期間中に契約の解約及び変更を行ってはならない。

コラム

民間登用の閣僚は政治家ではないのか？

いわゆる「民間閣僚」は非国会議員から登用される国務大臣を指し、有権者による選挙で選ばれ、政治を職業としている職業政治家とは一線を画している。国会議員以外の閣僚を任命できるのは、憲法68条で「内閣総理大臣は、国務大臣を任命する。但し、その過半数は、国会議員の中から選ばなければならない」と規定され、逆説的に半数未満の閣僚については非国会議員の任命が認められているからだ。

閣僚人事は本来、首相の自由裁量に委ねられているが、実際には自民党の首相は派閥均衡・年功序列の閣僚任命に縛られる傾向が強かったため、「民間閣僚」は首相が独自性を発揮する数少ない手段の一つとなってきた。

民間閣僚と国会議員の閣僚との立場や待遇の違いを数例挙げると、民間閣僚は、①国会会期中に国会外の現行犯を除いて逮捕されないという国会議員の「不逮捕特権」がない②衆参両院の本会議場には入れるが、立ち入りが許可されるのは閣僚が並んで座る「ひな壇」だけで、議員席に降りて行くことは許されない③衆参両院の議員会館の中に事務所を持つことはできない④議員バッジが交付されないため、国会内に入る場合は「政府特別補佐人記章」と呼ばれる官僚と同じ桜型のバッジを着用する（バッジの色は薄水色で公務員の黄色とは異なる）——などがある。

また、閣僚としての給料は月額168万2000円で、国会議員の閣僚は議員歳費（月額137万5000円）との差額が支払われるため、結果的に「対等」となっている。

著名な民間閣僚としては、小泉内閣の金融担当相・経済財政政策担当相の竹中平蔵氏、小渕、森両内閣で経済企画庁長官を務めた堺屋太一氏、三木内閣で文相を務め、大学入試改革などに尽力した永井道雄氏などがいる。

Question.39

国務大臣や副大臣、大臣政務官は、政治資金パーティーを開いてもよいか

Answer

政治資金の調達を目的とした大規模なパーティーは自粛しなければならない

政治資金の調達を目的とするパーティーで、国民の疑惑を招きかねないような大規模なものの開催は自粛する。

Question.40

国務大臣や副大臣、大臣政務官は接待を受けてもよいか

Answer

禁じられている

倫理の保持に万全を期するため、関係業者との接触に当たっては、供応接待を受けること、職務に関連して贈物や便宜供与を受けること等で国民の疑惑を招くような行為をしてはならない。

Question.41

国務大臣や副大臣、大臣政務官は未公開株式を譲り受けてもよいか

Answer

禁じられている

　倫理の保持に万全を期するため、関係業者との接触に当たっては、未公開株式を譲り受けること等で、国民の疑惑を招くような行為をしてはならない。

Question.42

国務大臣や副大臣、大臣政務官は講演料をもらってもよいか

Answer

常識的な金額であればよい

　倫理の保持に万全を期するため、特定企業における講演会に出席して社会的常識を著しく超える講演料を得ること等で、国民の疑惑を招くような行為をしてはならない。

Question.43

国務大臣や副大臣、大臣政務官は外国政府からの贈り物をもらってもよいか

Answer

2万円超の場合は所属省庁に引き渡す

外国の元首や政府等から贈物を受ける場合、2万円を超えるものは、原則として退任時にその所属していた府省庁に引き渡すものとする。なお、外国の元首または政府から勲章等の授与を受けるには、内閣の許可を要する。

Question.44

国務大臣や副大臣、大臣政務官は職務上知りえた秘密を漏らしてよいか

Answer

漏らしてはならない

職務上知ることのできた秘密を漏らしてはならない。法令による証人、鑑定人等となり、職務上の秘密に属する事項を発表するには、国務大臣にあっては内閣の、副大臣等にあってはその上司である国務大臣の許可を要する。

これらについては、国務大臣等の職を退任した後も同様とする。

Question.45

国務大臣や副大臣、大臣政務官は自由に旅行できるか

Answer

閣議了解や首相、大臣の許可が必要

国務大臣の海外渡航については閣議了解を、国内の出張及び旅行については内閣総理大臣の許可を要する。副大臣等の出張及び旅行については国内外を問わず、その上司である国務大臣の許可を受けるとともに、内閣官房長官に事前に届け出なければならない。

PART－Ⅲ

政 治 資 金

Question.46

政治資金とは何か

Answer

政党や政治団体、政治家個人の後援会等の政治活動を支える資金

政治資金とは政党や政治団体、政治家個人の後援会などの政治活動を支える資金で、ある程度の資金がなければ政治活動は困難な一方、政治資金をめぐる不正行為は後を絶たず、そのあるべき姿が常に問題になってきた。

政治資金に関する一般法である政治資金規正法は、政党・政治団体のすべての収入と支出を対象としている。収入は「金銭、物品その他の財産上の利益の収受」とされ、党費や会費、献金などの寄付、事業収入、借入金、本部や支部からの交付金、その他の収入がある。財産上の利益には、債務の免除や金銭の貸与、労務の無償提供も含まれる。

企業などが党費・会費を負担した場合は寄付と見なされる。事業収入は、一般的に、機関紙発行や、パーティー、講演会の開催によるものがほとんどだ。その他の収入には、預金の利子収入などがある。

支出も「金銭、物品その他の財産上の利益の供与または交付」と定義されている。収入・支出ともに、単に約束しただけでは対象にならない。

Question.47

政治資金は自由に集められるか

Answer

政治資金規正法によって規制されている

政治資金規正法による規制は、①政治資金の公開②政治資金の量的・質的な制限——という二つの柱からなる。

「公開」の具体的な方策として、同法は、政党・政治団体に対し、毎年１回の政治資金収支報告書の作成と、総務相または都道府県選挙管理委員会への提出を義務づけている。報告書には収入、支出、資産などの状況を記載しなければならず、官報・公報でその要旨が公表される。報告書そのものも、総務省または各都道府県選挙管理委員会で一般に公開されている。情報公開法が施行された2001年４月に、報告書をコピーすることが解禁された。

Question.48

政治献金は、いくら受け取ってもいいか

Answer

政治資金規正法による制限がある

政治資金規正法による「制限」には、①量的制限②質的制限③寄付（献金）の対象者などの制限——などがある。

量的制限には、献金する側から見て、年間の献金額の上限を定めた総量制限と、同一の者に対する年間献金額の上限を定めた個別制限がある。また、政治資金パーティーのパーティー券購入にも制限が設けられている。

質的制限としては、国や地方自治体から補助金を受けている企業、赤字企業、外国人からの献金や匿名・他人名義での献金が禁止されている。

また、2000年１月から政治家個人の資金管理団体に対する企業・団体献金は禁じられ、企業・団体献金は政党に対してのみ認められることになった。

Question.49

政治資金規正法とは

Answer

政治資金の流れをガラス張りにし、腐敗を防ぐために作られた法律

政治資金規正法は、戦後間もない1948年に制定された。戦後の混乱の中で政治腐敗の防止が大きな課題となり、政府は政党の定義などを定めた政党法の検討にも着手した。しかし、法案提出には至らず、資金面だけに対象を絞った政治資金規正法が議員立法で成立した。米国の腐敗行為防止法をモデルとし、制定当初は政治資金の量的・質的な規制ではなく、政治資金の流れをガラス張りにし、国民のチェックを可能とすることで腐敗を防ぐことを重視していたのが特徴だ。法律の名称に「規制」でなく「規正」が使用されたのもそこに主眼があったからだ。

Question.50

地方議員にも政治資金の規制はあるか

Answer

国会議員と同じに規制がある

政治資金規正法の対象となる政治家は、国会議員と地方自治体の首長、地方議会の議員と、その候補者や立候補予定者。当選、落選の如何にかかわらず、国会議員から町村議まですべての政治家が対象になっている。

コラム

政治資金規正法改正の経緯

政治資金規正法は制定後、政治腐敗が問題化するたびに大規模な改正が重ねられ、「規制」色の強い現在の姿に変化していった。

最初の大きな改正は、66年の黒い霧事件や「金権選挙」と呼ばれた74年の参院選を背景に75年に行われた。この改正は、①政治活動に関する寄付の授受について制限を設定②政治資金の収支公開を強化③個人献金に対する税制上の優遇④政党・政治団体に関する概念の明確化——が柱となっている。寄付に対して量的・質的に制限を加える抜本的な改正となった。

しかし、76年にはロッキード事件、78～79年にはダグラス・グラマン事件と一連の航空機疑惑が表面化した。これを機に79年、有識者と関係閣僚からなる「航空機疑惑問題等防止対策に関する協議会」（大平正芳首相の私的諮問機関）が設けられ、政治家の個人のカネと、政治活動に必要な経費を明確に区別すべきだとする提言が示された。80年に鈴木善幸首相のもとで提言に基づいた改正が行われ、政治家個人の政治資金の収支報告が義務づけられた。改正は①政治家個人の寄付（献金）を取り扱う指定団体制度②政治家が自ら管理できる保有金制度——の創設などが中心で、現在は両制度ともに廃止されている。

次の改正は、リクルート事件に端を発した一連の政治改革の中で、92年と94年の２度にわたって行われた。92年の改正は、第８次選挙制度審議会（89年）の答申を受けて政府が91年の第121回国会に提出した改正案が審議未了により廃案になったため、緊急政治改革として、与野党協議によって議員提案でなされた。この改正では、①政治資金パーティーの適正化②政治資金の運用制限③政治団体の資産公開④政治活動に関する寄付に対する公務員の関与の制限⑤罰則の強化――などが盛り込まれた。

94年の改正は、政治改革国会と称された第128回国会で、衆院選に小選挙区比例代表並立制を導入する選挙制度改革などとともに成立した。「政治資金は政党が中心となって集める」との基本的な理念に基づくものだ。その主な内容は、①企業・団体献金の制限②政治資金の公私の区別を明確化するため、資金管理団体制度を創設し、政治家個人への献金を原則禁止③政治資金の透明性確保④政党要件の改正⑤罰則の強化――などだ。

さらに、99年には、94年改正法の趣旨にのっとり、政治家個人の資金管理団体に対する企業・団体献金を禁止する改正が行われ、2000年１月に施行された。

Question.51

政治資金規正法に違反するとどうなるか

Answer

一定期間、選挙権と被選挙権が停止されるほか、罪状に応じて処罰される

政治資金規正法は、政治資金のやりとりについて、量的な側面、質的な側面の双方から制限を加えている。同法に違反した場合、一定期間、選挙権と被選挙権が停止される。さらに罪状に応じて5年以下の禁固などの処罰が規定されている。

Question.52

政治資金収支報告書には何を書くか

Answer

政治団体の収入、支出、資産などを記入する

政治資金規正法は、政治資金をガラス張りにすることで、政治活動を国民の監視のもとに置くことを狙い、政党や政党がつくる政治資金団体、その他の政治団体、政治家個人の資金管理団体などすべての政治団体に対して政治資金収支報告書の作成と提出を義務づけている。

収支報告書には、政治団体の収入、支出、資産を記載しなければならない。同じ個人や団体から年間５万円以上の献金を受けた場合は、その名前や住所・所在地、献金を受けた年月日などを記載しなければならないなど、透明性確保のために明確な基準が定められている。

Question.53

政治資金収支報告書は、いつ、どこへ提出するか

Answer

毎年１回、総務相か都道府県の選挙管理委員会に提出する

政治団体は、毎年１回、政治資金の状況について報告書を提出しなければならない。法律上は、政治団体の会計責任者が直接の提出義務者とされている。

収支報告書は、年度ではなく、暦年で作成する。毎年12月31日現在で締め切り、翌年の３月31日までに提出しなければならない。ただ、１月１日から３月31日までに総選挙または参院選の選挙期間が重なった場合は、提出期限が１か月間延期されて４月30日までに提出すればよいことになっている。

提出先は、総務相または都道府県の選挙管理委員会だ。一つの都道府県の区域で主な政治活動を行う政治団体は、その都道府県の選管に提出する。これに対し、二つ以上の都道府県で活動する政治団体は総務相に提出しなければならない。政党本部と政党の政治資金団体は、必ず総務相に提出するよう定められている。

Question.54

政治資金収支報告書を期限内に提出しないと罰せられるか

Answer

会計責任者や代表者が罰せられる

政治団体の会計責任者が、政治資金収支報告書や領収書の写しなどの添付書類を期限内に提出しなかった場合、会計責任者は５年以下の禁固または100万円以下の罰金と、公民権停止の罰則が科せられる。提出しなかったことについて、その政治団体の代表者が、会計責任者に対する監督を怠ったと判断される場合は、代表者は50万円以下の罰金と公民権停止となる。

提出しなかった場合に限らず、虚偽記入をした場合も同様で、虚偽記入は会計責任者に限らず、誰であろうと罰則の対象となる。

Question.55

政治資金収支報告書を提出しないとどうなるか

Answer

2年連続して提出しないと、政治団体として活動できなくなる

2年連続して収支報告書を提出しなかった場合は、その政治団体は設立届け出をしていないものと見なされ、政治活動のために献金を受けたり、支出したりすることが禁止される。つまり、政治団体として活動できなくなるという重い制裁が課せられる。

Question.56

政治資金収支報告書は閲覧できるか

Answer

誰でも閲覧できる

収支報告書のうち、主要な部分は官報（総務相届け出分）・公報（都道府県選挙管理委員会届け出分）で公表される。収支報告書は3年間保存され、総務省や各都道府県選挙管理委員会の担当部署で、誰でも閲覧することができる。

なお、この政治資金規正法上の閲覧にはコピーは含まれないと解され、従来、メモを取ることしか認められていなかった。しかし、2001年4月に施行された情報公開法が行政文書のコピー交付を認めたことで、収支報告書のコピーも請求できることになった。

政治資金収支報告書

（その１）

収　支　報　告　書

※該当箇所に ✓ すること

1　政治団体《ふりがな》の名称

2　主たる事務所の所在地　〒

3　代表者の氏名

4　会計責任者の氏名

5　平成　　年分

政治団体の区分
□政　　　党
□政党の支部
□政治資金団体
□政治資金規正法第18条の2第1項の規定による政治団体
□その他の政治団体
□その他の政治団体の支部
活動区域の区分

*	団体コード	
	前年繰越額	円

事務担当者の氏名

電話番号

資金管理団体の指定の有無

□有　□無

公職の種類　（　　）

資金管理団体の届出をした者の氏名

住　　所

受付	審査	確認	消込	パンチ	照合

（その２）

全国団体用

収　支　の　状　況

1　収支の総括表

	十億	百万	千	円
収入総額				
（前年からの繰越額）				
（本年の収入額）				
支出総額				
翌年への繰越額				

2　収入項目別金額の内訳

(1) 個人の負担する党費又は会費	
金額	
員数（党費又は会費を納入した人の数）	人

(2) 寄附		
ア　寄附（イを除く。）の区分	金額（十億 百万 千 円）	備考
(ｱ) 個人からの寄附		
（うち特定寄附）		
(ｲ) 法人その他の団体からの寄附		
(ｳ) 政治団体からの寄附		
小計　(ｱ)＋(ｲ)＋(ｳ)		
（寄附のうち寄附のあっせんによるもの）		
イ　政党匿名寄附		
合計　（ア＋イ）		

（東京都選挙管理委員会作成様式の一部）

Question.57

政治資金管理団体とは

Answer

政治家が政治資金の受け皿として一つだけ指定できる政治団体

政治資金管理団体とは、政治家が政治資金の受け皿として一つだけ指定することができる政治団体である。政治資金における公私の区別を明確化する趣旨から、政治家の政治活動に関する献金は、原則として政治家本人は受け取ることができないこととされている。

また、政党以外の政治団体や個人は、選挙運動の場合を除いて、政治団体以外に献金することができない。つまり、政党以外の政治団体や個人は、選挙運動に関するもの以外は政治家個人に対する献金ができない。

Question.58

政治資金管理団体を指定するメリットとは

Answer

寄付の量的制限などのメリットがある

政治家は必ずしも資金管理団体を指定しなくてもよいが、制度上、資金管理団体を指定した場合には若干の利点が設けられている。具体的には、政治家が自らの資金管理団体に献金をする場合は、寄付の量的制限の規定が適用されず、いくらでも献金することができることが挙げられる。

Question.59

政治資金管理団体は、どのように指定するか

Answer

自らが代表者を務める政治団体のうち一つを指定し、７日以内に総務相か都道府県の選挙管理委員会に届け出る

政治資金管理団体を指定する場合、政治家は自らが代表者を務める政治団体のうち一つを指定し、指定から７日以内に総務相か都道府県の選挙管理委員会に届け出なければならない。また、指定した政治家は、政治団体の代表者でなくなったりした場合など、資金管理団体としての適格性を失った場合は、その日から７日以内に届け出なければならない。なお、選挙に落選しても、次の選挙や別の選挙などに立候補しようとして政治活動を続けることが多く、この場合は「適格性を失った」ケースには当たらない。

ただし、政党支部は、政治家が代表者でも政治資金管理団体に指定することはできない。

Question.60

個人献金の限度額はいくらか

Answer

政党・政治資金団体には年間2000万円まで。資金管理団体、その他の政治団体に対しては1団体当たり年間150万円、総額1000万円まで

政治資金規正法が定めている寄付の限度は、寄付を受ける側と寄付する側の組み合わせによって細かく分かれている。

個人が献金する場合、政党・政治資金団体には年間2000万円まで。この範囲なら、一つの政党に2000万円献金することも、いくつかの政党に献金することもできる。

政治家の資金管理団体、その他の政治団体に対して献金する場合は、年間1000万円の総枠制限に加えて個別制限もあり、個々の資金管理団体には年間150万円以内とされている。

Question.61

企業・団体献金の限度額はいくらか

Answer

政党・政治資金団体には企業・団体の規模に応じて750万円から1億円まで

企業や労働組合などの団体は、政党・政治資金団体には献金できるが、政治家の資金管理団体、その他の政治団体に献金することはできない。

政党・政治資金団体への献金は、献金する企業・団体の資本金や構成員数などの規模に応じて、年間750万円以内から1億円以内までの幅で総枠制限が設けられている。

総枠制限の範囲内であれば、複数の政党・政治資金団体に献金することも、一つの政党に絞って献金することも可能だ。

Question.62

パーティー券購入に関する制限は

Answer

150万円を超えてはならない

政治資金パーティーについても、パーティー券購入額に上限があり、一つのパーティーに対して同一人から150万円を超える金額を支払ったり、受け取ったりすることはできない。また、本人以外の名義や匿名を使って支払うことや受け取ることも違反となる。

同一人から１パーティー当たり20万円を超える対価が支払われた場合は、政治資金収支報告書でパーティー券購入者の氏名等を公開しなければならない。

Question.63

ヤミ献金とは何か

Answer

量的・質的な制限を超えて行われる献金

政治資金規正法や公職選挙法の規定に反して、量的・質的な制限を超えて行われる献金が、一般にヤミ献金と呼ばれる。金額が制限内であっても、政治資金収支報告書に記載しなかったり、虚偽の記入をしたりすれば、会計責任者と政治団体の代表である政治家本人が罰せられる。

また、第三者を中間に介在させることで、違法な資金を政治家に提供するのがトンネル献金だ。

Question.64

ヤミ献金にはどんな処罰が科せられるか

Answer

1年以下の禁固または50万円以下の罰金と公民権停止

ヤミ献金を行った場合には、寄付をした側、寄付を受けた側ともに、1年以下の禁固または50万円以下の罰金と公民権停止という刑罰が科せられる。団体が違反した場合は、団体の役職員や構成員が罰せられるのに加え、団体に対しても50万円以下の罰金が科せられる。もちろん、違反行為により受け取った献金は、没収されるか追徴される。

コラム

政治家に対する企業·団体献金はなぜ禁止されたか

企業・団体献金とは、企業、労働組合、業界団体、宗教団体など、政治団体を除くすべての団体が政治活動に関して政党や政治家に資金を提供することだ。政治資金規正法施行後初の大きな改正が75年に行われた際も、企業・団体献金のあり方が議論の焦点となった。ようやく2000年１月から政治家個人（資金管理団体）への企業・団体献金が禁止されたが、これは、政治家と企業が献金を通じて結びつくことが政治腐敗の温床と見られてきたからだ。

企業・団体献金の規制論議は、すでに60年代に本格化している。「黒い霧事件」の表面化を受けて66年に設置された第５次選挙制度審議会は、政治資金のあり方を審議するため、審議会の下に「当面緊急に措置すべき事項に関する特別委員会」を設置して検討を開始した。67年４月にまとめられた「政治資金の規正等の改善に関する件」と題する答申は、「政党の政治資金は、個人献金と党費により賄われることが本来の姿」との方向性を示した。そのうえで、「その現状は、多くの会社、労働組合その他の団体の資金に依存しており、今日直ちに政治資金の寄付を個人に限ることは、混乱を招く恐れがあり、その実現は困難と思われる」と実情に配慮し、「政党は、できるだけすみやかに近代化、組織化を図り、おおむね５か年を目途として個人献金と党費によりその運営を行う」と求めた。

答申を受けて佐藤内閣がまとめた改正案は廃案となったものの、75年に成立した改正政治資金規正法では答申の趣旨にのっとり、企業・団体献金について「５年後に見直す」との付則が盛り込まれた。

ところが、この付則にもかかわらず、政治資金が企業・団体頼りとなる実情は抜本的には改善されず、見直しは一向に進まなかった。

こうした状況を大きく変えたのは、有力国会議員に相次いで疑惑が浮上した88年のリクルート事件だ。同事件を契機に政治改革を求める機運が国民世論に急速に広がった。90年４月に出された第８次選挙制度審議会の答申でも、「政治資金の調達は政党中心にするとともに、さらに政治資金の公開性を高め、政治資金の規制の実効性を確保する」「選挙制度の改革及び公的助成制度の導入とあいまって、団体の寄付は、政党に対するものに限ることが適当である」として、政治家に対する企業・団体献金の禁止の方向性が打ち出された。

90年代に入っても、東京佐川急便事件、ゼネコン汚職事件といった「政業癒着」を象徴する腐敗事件が相次いだ。94年に政党助成法とともに成立した改正政治資金規正法（95年１月施行）に、①政治家個人の資金管理団体に対する企業・団体献金は５年後に禁止する措置を講ずる②政党に対する企業・団体献金は、個人献金や政党財政の状況を考え合わせて５年後に見直す――との条項が盛り込まれたのは、企業・団体献金に対する厳しい世論の批判があったためだ。

政治家個人に対する企業・団体献金の禁止期限は2000年１月。これを目前にした99年暮れ、自民党は「個人献金に期待できない」としていったんは存続を決めたものの、世論の反発が大きく、連立を組む公明党や野党に法律通り禁止するよう求める声が拡大。期限ぎりぎりの99年12月、政党に対する企業・団体献金は従来通り存続させるが、政治家個人に対する献金は禁止するとの形で改正政治資金規正法が成立した。

ただ、この改正によっても、政党に対する献金を認めたことで、国会議員や地方議員らが支部長を務める政党支部が企業・団体献金禁止の「抜け道」として使われるとの懸念が指摘された。政党支部の設置数にも制限がないため、2000年以降、政党支部が急増し、「新たな政治資金の受け皿になっている」との批判が沸騰した。

Question.65

企業・団体献金はすべて禁じられているか

Answer

政党・政治資金団体は受け取ることができる

多数の政治家が企業から利益供与を受けたリクルート事件の反省から、一連の政治改革の一環として94年に政治資金規正法が改正され、政治資金は政党が中心になって集めることとされた。政党・政治資金団体は、政治家個人（資金管理団体）や政治団体に対しては禁止されている企業・団体献金を受けることができる。

政治資金団体とは、政党のために資金上の援助をする団体のことで、政党が指定することができる。

Question.66

政党の要件は何か

Answer

国会議員が５人以上所属していることなど

政治資金規正法上、政党として見なされるための要件は、次のどれかを満たすことである。

①国会議員が５人以上所属していること

②次のいずれかの選挙における得票率が有効投票総数の２％以上であること

１）直近の衆院小選挙区選

２）直近の衆院比例選

３）直近またはその前回の参院選挙区選

４）直近またはその前回の参院比例選

Question.67

政党・政治資金団体は政治家個人に寄付をしてもよいか

Answer

制限なく寄付できる

政党は政治家個人に対し、一切制限なく寄付をすることができる。

Question.68

政党以外の政治団体は政治家個人に寄付をしてもよいか

Answer

原則として金銭・有価証券による寄付はできない

政党以外の政治団体は、金銭・有価証券による寄付はできない（ただし、選挙運動に関するものは金銭も認められる）。

Question.69

政党・政治資金団体は匿名の寄付を受けてもよいか

Answer

1000円以下であればよい

政党・政治資金団体は、街頭演説会・集会の会場で、1000円以下であれば匿名で献金を受けることができる。

Question.70

政党以外の政治団体は匿名の寄付を受けてもよいか

Answer

禁じられている

政党・政治資金団体以外の政治団体は、匿名の献金を受けることはできない。

Question.71

政党・政治資金団体に対する個人献金は控除の対象になるか

Answer

寄付金控除または税額控除の対象になる

政党・政治資金団体に対する個人献金は、すべて租税特別措置法に基づく寄付金控除または税額控除の対象となる。

Question.72

政党・政治資金団体以外の政治団体に対する個人献金は控除の対象になるか

Answer

特定の要件を備える政治団体に対する献金のみ所得控除の対象になる

政党・政治資金団体以外の政治団体に対する個人献金は、特定の要件を備える政治団体に対する献金だけが所得控除の対象となる。

Question. 73

政党支部も政党特典を受けられるか

Answer

政党特典を受けられる

企業・団体献金を受けられるなどの政党特典は、政党の支部も対象となる。このため、政治家個人の資金管理団体に対する企業・団体献金の禁止に伴い、「政治資金の受け皿」として政党支部が乱立する傾向が顕著になっている。

政党支部が急増しているのは、従来の衆院小選挙区や市町村単位の支部だけでなく、職域ごとの支部が増えていることや、従来の個人後援会が次々と政党支部に衣替えしていることが大きな要因だ。これに対しては、カネの流れの透明化や、政治資金規制を通じて政党の近代化を図るといった制度の趣旨に反するとの批判が根強い。

PART－Ⅳ

国会議員の収入

Question.74

国会議員の給料はいくらか

Answer

一般職の国家公務員の最高給料額より多い

国会法35条は「議員は、一般職の国家公務員の最高の給料額より少なくない歳費を受ける」と規定している。具体的には「国会議員の歳費、旅費及び手当等に関する法律」により、議長は内閣総理大臣、副議長は国務大臣、議員は大臣政務官の俸給月額に相当する金額が歳費月額として毎月10日に支給される。

このほか、3、6、12月の年3回、期末手当が支給される。期末手当の年間総額の計算式は「歳費月額×1.45×3.55月分」となっており、これが3月に0.55月分、6月に1.45月分、12月に1.55月分の割合で分割支給される。

Question.75

議長、副議長、議員の給料はいくらか

Answer

年収にして、およそ議長が3555万円、副議長が2595万円、議員が2122万円

2002年４月時点で支給される議員報酬の金額は、以下の通りである（2002年４月より2003年３月まで、行財政改革で報酬は１割削減されている）。

①議長　歳費月額207万円、期末手当1067万円、年間収入3555万円

②副議長　歳費月額151万円、期末手当779万円、年間収入2595万円

③議員　歳費月額123万円、期末手当637万円、年間収入2122万円

Question.76

国会議員の手当にはどんなものがあるか

Answer

文書通信交通滞在費、立法事務費等がある

国会議員の諸手当としては、文書通信交通滞在費、立法事務費などがある。

文書通信交通滞在費は、公の書類の郵送や、公の性質を有する通信などのための手当で、月額100万円（非課税）が支給される。

立法事務費は、議員の立法に関する調査研究を推進するため、月額65万円（非課税）が支給される。しかし、各議員の所属する国会内の会派に対して交付されるため、一般的には議員個人の収入になることはないとされる。

また、国会開会中は、議長、副議長、仮議長、常任委員長、事務総長、特別委員長、調査会長などに、日額6000円の議会雑費が支給される。

Question.77

国会議員に交通費は支給されるか

Answer

ＪＲ無料パスと航空クーポン券が支給される

ＪＲ無料パスと航空クーポン券が交付される。両方の交付を受けることもできるし、ＪＲ無料パスの代わりに航空クーポン券の交付を選択することもできる。ＪＲ無料パスはＪＲ全線で利用することができ、新幹線、グリーン車も乗車できる。航空クーポン券は東京都と選挙区（比例代表議員の場合は住所）の間について毎月３往復分まで交付されるが、交付対象は西は京都・大阪以西、東は岩手・山形以北、日本海側は新潟などを除く地域に限定されている。

Question.78

国会議員の資産・所得の公開を義務づけた法律とは

Answer

「政治倫理の確立のための国会議員の資産等の公開等に関する法律」という

国会議員の資産・所得公開は、国会議員がその地位を利用して私服を肥やすことがないよう、議員の資産や所得の現状を国民の監視下に置くことを目的とした制度で、衆参両院議員などは資産等報告書、所得等報告書、関連会社等報告書などを提出、公開が義務付けられている。リクルート事件など政治とカネをめぐる不祥事が相次ぎ、国民の政治不信が高まる中で、その解消策の一つとして導入された。

国会議員の資産公開に関する法制化が本格的にスタートしたのは、1989年の第114国会で、自民党は「政治倫理の確立のための国会議員等の資産等の公開に関する法律案」、社会、公明、民社、社民連は4党共同で「政治倫理法案」をまとめた。しかし、この時点では与野党の合意が得られず、いずれも国会提出には至らなかった。

その後、与野党間の度重なる議論を経て、92年10月召集の第125国会で、衆院議院運営委員長提出の「政治倫理の確立のための国会議員の資産等の公開等に関する法律」が全会一致で成立した。

Question.79

地方政治家は資産や所得を公開しなくてもよいか

Answer

都道府県議、政令指定市議と首長は公開しなければならない

「政治倫理の確立のための国会議員の資産等の公開等に関する法律」は、都道府県と政令指定都市の議員、都道府県知事、市町村長、特別区長に対しても、条例で国会議員の資産公開に準じて必要な措置を講ずるよう義務付けている。

Question.80

資産等報告書には何を記入するか

Answer

任期開始の日に所有する土地、建物など

資産等報告書とは、国会議員が任期開始の日に所有する資産等を記載した報告書である。報告しなければならない事項は次の通り。

①土地の所在、面積、固定資産税の課税標準額など
②建物の所有を目的とする地上権又は土地の賃借権の所在、面積など
③建物の所在、床面積、固定資産税の課税標準額など
④当座預金、普通預金を除く預金、普通貯金を除く貯金、通常郵便貯金を除く郵便貯金の額
⑤金銭信託の元本の額
⑥国債証券、地方債証券、社債権、株券などの有価証券の種類
⑦自動車、船舶、航空機及び価格が100万円を超える美術工芸品の種類と数量
⑧ゴルフ場会員権のゴルフ場の名称
⑨生計を一にする親族に対するものを除く貸付金の額
⑩生計を一にする親族に対するものを除く借入金の額

Question.81

資産等報告書は、いつ、どこへ提出するか

Answer

任期開始から100日以内に所属する議院の議長に提出する

任期開始から100日以内に、所属する議院の議長に提出しなければならない。

任期開始の日以後、資産に変化が生じた場合は、毎年12月31日時点で所有するものを資産等補充報告書に記載し、翌年の4月1日～4月30日の間に、所属する議院の議長に提出しなければならない。

Question.82

国会議員等資産公開法に罰則はないのか

Answer

罰則はない

国会議員の資産公開は、1992年12月に議員立法で成立した「政治倫理の確立のための国会議員の資産等の公開等に関する法律」に基づくが、この法律には、報告書提出を怠ったり、虚偽報告をした場合の罰則規定はない。

罰則を設けていない理由としては、例えば1998年２月の衆院大蔵委員会で松永光蔵相が答弁した考え方が代表的意見と言える。松永蔵相は「選挙で選ばれる人は、正直な行動をするのが当たり前だ。それをしているかしていないかは、これは国民が見て、選挙のときの票によって判定する。罰則がついていなければ政治家が定められた資産公開をまじめにやらぬということでは情けない。あえて現状においては罰則は要らぬのじゃなかろうか、こういうふうに思っている」と述べた。

一方、国会議員の資産報告が義務付けられている米国やフランスでは罰則が規定されている。このため、罰則が無い日本の法律に対しては「ザル法」との批判が根強く、将来的に、罰則創設のための法改正が課題になる可能性もある。

また、日本の資産公開制度については、その透明性の低さもかねがね指摘されてきた。例えば、所得については、株の譲渡所得は源泉分離課税を選べば報告書に書く必要はなく、100万円以下の所得は、どこから得たものかを記載しなくていい。さらに、資産についても、美術品はどんなに高価なものであっても、点数だけ報告すればよく、当座預金や普通預金は公開の対象外だ。このため、「報告対策」として定期預金を普通預金に移し替える国会議員がいるとも言われている。

このため、国会議員の資産公開について、国民は「隠す気になれば、いくらでも隠せる」という疑念が拭えず、政治家サイドには「まじめに報告する人ほど損する」という不満がつきまとっている。

Question.83

資産等報告書は閲覧できるか

Answer

誰でも閲覧できる

資産等報告書、資産等補充報告書の保存期間は各報告書の提出締め切り日の翌日から起算して７年で、閲覧は60日後にできる。保存期間が７年とされているのは、参院議員の任期が６年であることに配慮したためである。閲覧は衆参両院の事務総長が指定する場所で定時に行わなければならず、コピーも認められていない。資産公開制度が議員資産を国民の監視下に置くことを目的にしながら、報告書のコピーができないことについては根強い批判がある。

Question.84

所得等報告書には何を記入するか

Answer

前年分の各種所得を記入する

所得等報告書とは、前年１年間を通じて在職した国会議員が、前年分の各種所得の金額などを記載した報告書である。所得等報告書に記載すべき各種所得は、事業所得、不動産所得、利子所得、配当所得、給与所得、雑所得、譲渡所得、一時所得、土地等の事業・雑所得、短期譲渡所得、長期譲渡所得、株式等の事業・譲渡・雑所得、山林所得で、このほかに贈与によって取得した財産については、贈与税の課税価格を記載しなければならない。

Question.85

所得等報告書は、いつ、どこへ提出するのか

Answer

毎年4月1～30日の間に、所属する議院の議長に提出する

毎年4月1日～30日の間に、所属する議院の議長に提出しなければならない。また、各所得の金額が100万円を超える場合は、その理由を併記しなければならない。

なお、所得等報告書を所定の期日までに提出しなかったり、報告書に虚偽の記載をしても、これに対する罰則はない。

Question.86

所得等報告書は誰でも閲覧できるか

Answer

閲覧できる

資産等報告書と同じように、所得等報告書の保存期間は各報告書の提出締め切り日の翌日から起算して7年で、閲覧は60日後にできる。やはり閲覧は衆参両院の事務総長が指定する場所で定時に行わなければならず、コピーは認められていない。

Question.87

関連会社等報告書には何を記入するのか

Answer

報酬を得て役員、顧問などの職に就任している会社その他の法人の名称など

関連会社等報告書とは、国会議員が報酬を得て役員、顧問などの職に就任している会社その他の法人の名称、住所、役職名を記載した報告書である。報酬の額の多寡にかかわらず、また、役職に限らず会社等の職に就任していれば、報告しなければならない。

Question.88

関連会社等報告書は、いつ、どこへ提出するか

Answer

毎年４月２～30日の間に、所属する議院の議長に提出する

毎年４月１日時点のものを記載し、同月２日～30日の間に、所属する議院の議長に提出しなければならない。

関連会社等報告書を所定の期日までに提出しなかったり、報告書に虚偽の記載をしても、これに対する罰則はない。

また、資産等報告書、所得等報告書と同様の条件で、誰でも閲覧できる。

Question.89

国会議員の他人名義での株取引は認められているか

Answer

禁じられている

国会議員が本人以外の他人名義を使って株を取引することは、「政治倫理の確立のための仮名による株取引等の禁止に関する法律」で禁じられている。同法は、逮捕許諾請求後に自殺した自民党の新井将敬衆院議員に対する日興証券の利益供与事件を発端に制定された。

新井議員は日興證券新橋支店に知人の会社社長名義で借名口座を開設し、1995年10月から97年４月までの間、計約4000万円の不正利益を得ていたとされ、国会議員の仮名株取引の禁止に関する議論が沸き起こった。それまで、仮名による株取引は、日本証券業協会の会員が禁じられているだけだった。98年の通常国会に各党がそれぞれ法案を提出し、与野党協議の結果、「政治倫理の確立のための仮名による株取引等の禁止に関する法律」は翌年99年の通常国会で成立した。

Question.90

国会議員が他人名義で株取引をするとどうなるか

Answer

20万円以下の罰金に処される

「政治倫理の確立のための仮名による株取引等の禁止に関する法律」の概要は次の通りとなっている。

①仮名による株取引等の禁止

国会議員が本人以外の名義を使用して株取引等を行ってはならない。株取引等とは、株券等（端株券を含む）、新株引受権を表示する証券もしくは証書、転換社債券又は新株引受権付社債券の取得又は譲渡のことである。

②罰則

本人名義以外の名義を使用して株取引等を行った場合、20万円以下の罰金に処せられる。

Question.91

国会議員の秘書は何人まで置いてよいか

Answer

私設秘書は何人置いてもよい

国会議員の秘書は、政策秘書、公設第1秘書、公設第2秘書、私設秘書に分類される。政策秘書、公設第1、第2秘書は特別職国家公務員で、各1人まで置くことが認められている。私設秘書は国会議員が私費で雇用する秘書であり、何人置いてもよい。

Question. 92
誰でも政策秘書になれるか

Answer

条件がある

政策秘書は国会議員の政策立案能力の向上に資する目的で93年１月に新設され、
①国家公務員上級試験なみの資格試験に合格した者
②公設秘書経験10年以上などの条件を満たした者
から採用することになっている。

しかし、実態は、公設秘書からの横滑り組が圧倒的に多い。2001年度に採用の前段階として、国会議員の申請によって名簿に登録されたのは2070人。このうち、資格試験合格者は297人にすぎない。

コラム

国会議員の秘書になる資格要件は？

国会議員の秘書になる資格要件は、①政策秘書②公設第１、第２秘書③私設秘書——によって異なっている。

政策秘書に採用されるには、政策担当秘書資格試験合格者登録簿または政策担当秘書選考採用審査認定者登録簿に登録されていなければならない。

政策担当秘書試験は、国会の政策担当秘書資格試験委員会が原則年１回実施し、試験に合格すると合格者登録名簿に登録される。試験の内容は、第１次試験が選択式の教養問題と論文式の総合問題、第２次試験が口述式試験となっている。受験資格は、大卒または試験実施の年度末までに大卒の見込みがあるか、政策担当秘書資格試験委員会が同等の学力があると認定した人でなければならない。次のいずれかに該当する人は受験資格がない。

①日本国籍を持たない人

②成年被後見人または被保佐人

③禁錮刑以上に処せられ、執行が終わらないか執行猶予中の人

④公務員として懲戒免職の処分に処せられ、処分の日から２年経過していない人

また、政策担当秘書選考採用審査認定は、能力、経験、資格などについて一定の社会的評価を得ている人を審査認定す

るもので、国会議員が政策秘書として採用したい人を申請し、衆参両院の審査認定委員会が原則年１回審査認定を行う。認定されると認定者登録簿に登録される。審査認定を受けられるのは以下の条件のいずれかを満たしていなければならない。

①司法試験、公認会計士試験、国家公務員採用Ⅰ種試験、外務公務員Ⅰ種または選考採用審査認定委員会が定めた試験の合格者

②博士の学位を授与された人

③国や地方公共団体の公務員または会社、労働組合その他の団体の職員として在職期間が10年以上で、専門分野の業績が顕著であることが客観的に認められる著書などがある人

④国会議員の公設秘書としての在職期間が10年以上で、衆院または参院の事務局が実施する政策担当秘書研修を修了した人

⑤公設秘書の在職期間が５年以上10年未満で、（ア）私設秘書（イ）国家・地方公務員（ウ）会社・労働組合その他の団体の職員——として政策立案・調査研究の職務に従事した期間と合わせ10年以上であり、衆院または参院の事務局が実施する政策担当秘書研修を修了した人

政策秘書は、①死亡②後見開始または保佐開始の審判③禁錮以上の刑に処刑④日本国籍の喪失④不正手段による登録の発覚——のいずれかに該当した場合は、合格者登録簿や認定者登録簿から抹消され、政策秘書としての資格要件を失う。

一方、公設第１、第２秘書の場合は、日本国籍を有してい

ることだけが資格要件となっている。

　また、私設秘書の場合は法的な資格要件はなく、国会議員の自由な意思で採用できる。実際、国会議員の私設秘書の中には日本以外の国籍を持つ人も散見される。

Question.93

秘書の給料はいくらか

Answer

職務によって異なるが、政策秘書、公設秘書は特別職国家公務員で、勤続年数に応じて決まる

政策秘書、公設第1、第2秘書と私設秘書では給与体系が違い、政策秘書、公設第1、第2秘書には、特別職国家公務員として国費から給与が支払われ、それぞれ勤続年数に応じて給与月額が決まっている。さらに、通勤手当、住居手当、民間のボーナスにあたる期末・勤勉手当も支払われる。

勤続5年以上8年未満の秘書への年間支給総額は、2000年9月時点で、政策秘書946万円、公設第1秘書922万円、公設第2秘書668万円である（通勤、住宅手当は含まない)。一方、私設秘書の給与は、国会議員との個別契約によって決まっており、個々人によって全く違う。

2000年9月には、東京地検特捜部が民主党の山本譲司衆院議員（後に辞職）を、秘書給与を流用したとして詐欺容疑で逮捕した。山本議員は1996年の初当選直後から、雇用の実体がないにもかかわらず政策秘書を採用した形を装い、国費計2300万円をだまし取っていた。

この後も、2002年３月には社民党の辻元清美衆院議員が政策秘書給与流用疑惑で辞職、同年４月にも自民党の田中真紀子衆院議員に同様の疑惑が浮上し、田中氏は同年８月、衆院議員を辞職した。

秘書給与の実態をめぐっては、さまざまな指摘がなされている。最も典型的なのは、政策秘書や公設秘書の給与をいったんプールし、私設秘書の給与に分配するケースだ。背景には、①私設秘書に対して政策秘書や公設秘書並みの給与を支払うのは、かなりの資金力が国会議員になければできない②能力、キャリアが同程度であれば、秘書同士の不平不満をなくすために給与を平準化する必要がある――などの国会議員側の事情が挙げられている。

しかし、こうした行為は国費の不正使用であるとの批判は避けられない。また、国の支給額より低い給与水準で雇用している実態に合わせ、公費負担を引き下げるべきだとの指摘もある。

Question.94

政党によって秘書の給料は違うか

Answer

政党によって違いがある。共産党は独自のシステムを確立している

共産党国会議員の秘書は党中央委員会の一員としての給与額が決められ、政策秘書と公設第1、第2秘書の給与との差額は寄付として党に納めるシステムが採られている。政治資金規正法に基づく個人寄付として政治資金収支報告書に記載することにより、秘書給与の平準化を合法化している。

コラム

議員秘書の仕事はさまざま

ひとくちに国会議員秘書と言っても、その仕事はさまざまだ。いくつか例を挙げると、①政策立案や国会での質問づくり②地元支持者や支援してくれる企業・団体関係者の応対③金銭の出納や政治資金の管理④後援会のメンテナンスと選挙準備、選挙運動⑤政策勉強会、パーティー、冠婚葬祭などへの議員の代理出席⑥議員の日程管理⑦議員のかばん持ちや運転手⑧事務所の電話番やお茶くみ――などなど。秘書の人数が少なければ、１人の秘書が複数の業務を担当し、秘書の人数が多ければ多いほど分業が進んでいる。議員と同等かそれ以上に政策を勉強している秘書、政党や派閥の中で影響力を持つ大物秘書もいる一方で、アルバイト感覚で雑用だけこなす秘書も少なくない。また、中には“議員の愛人”と噂されるような人もいる。

多くの議員は、国から給与が支給される政策秘書、公設第１、第２秘書の３人ほかに、私設秘書を雇っており、大物議員になると、東京と地元を合わせて数十人の秘書団を抱える人もいる。

東京在勤の秘書の場合は、立法など議員の国会活動をサポートしたり、中央財界や大手企業、労働団体などと接触し、物心両面での支援の取りつけや維持を図ることが大きな仕事だ。地元から上がってくる中央省庁に対する陳情、入学・就職などのあっせんなども処理しなければならない。地元の陳情がスムーズに通るように、官僚に人脈を広げ、官僚との付き合いを続けることも重要だ。地元から支持者が上京してくれば、その目的に応じて人脈を紹介したり、場合によっては飲食や宿泊の世話もする。国会議事堂内で地元の支持者をゾロゾロ引き連れ、見学の案内をする姿もよく見かける。

一方、地元選挙区在勤の秘書は、次の選挙に備えて、支持者の拡大に努め、いざ選挙となったら集票マシンとなって動き回るというのがメインの仕事だ。支持者の陳情を東京の事務所につなぐというのも、票を増やすための重要な仕事と言える。

また、身内を秘書として採用している議員も少なくない。将来の地盤継承に向け、「政治家修行」をしている議員の子息もいれば、実際には秘書業務をせず、国から支給される秘書給与をもらうためだけに身内を公設秘書に登録しているようなケースもある。あるベテラン秘書によると、「国会議員は、お付き合いなどの出費が何かと多い。最近は少なくなったと思うが、議員歳費だけでは暮らしていけないので、生活費を捻出するために身内を秘書にする議員もいた」という。

Question.95

企業や団体が秘書の給料を肩代わりしてもよいか

Answer

寄付行為と見なされ、政治資金規正法に違反する

企業や団体が国会議員の秘書給与を肩代わりすることはこれまでにも見られ、政治家と企業・団体の癒着の現れとして問題視されてきた。2001年に起きたケーエスデー中小企業経営者福祉事業団（KSD）事件では、東京地検特捜部が初めて「秘書給与の肩代わりは賄賂にあたる」と認定して起訴に踏み切り、こうした癒着の構図は変化を迫られている。

KSD事件で、東京地検特捜部は2001年２月27日、受託収賄罪で小山孝雄元参院議員を、贈賄罪で古関忠男KSD元理事長をそれぞれ追起訴した。起訴状などによると、ものつくり大学建設補助金に関し、小山被告が旧労働省に働き掛けたことの成功報酬として秘書給与を提供。KSD側が99年４月から2000年９月にかけて、小山被告の２人分の私設秘書給与として計1166万円を負担した。

Question.96

政党助成制度とは

Answer

政治浄化等のために国が政党に対して交付金を助成する制度

政党助成制度とは、政治浄化と政党・政策本位の政治活動の実現を目的に、国が政党に対して交付金を助成する制度である。リクルート事件、佐川急便事件などの反省から、政治改革関連４法の一つとして政党助成法が94年成立した。

同法によって、国は国民１人当たり250円、総額300億円超の公金を各政党に分配している。交付額は毎年１月１日を基準日にしており、４、７、10、12月の４回に分けて支給される。

Question.97

政党交付金は無条件でもらえるか

Answer

交付金を交付されるのには条件がある

政党が交付金を交付されるには、①５人以上の所属国会議員がいる②最低１人の所属国会議員がおり、前回の衆院選の小選挙区選、比例選または過去２回の参院選の選挙区選、比例選のいずれかで有効投票総数の２％以上を獲得した――の二つの条件のいずれかを満たしていなければならない。

Question.98

政党によって政党交付金の額は違うのか

Answer

所属国会議員数や国政選挙の得票率によって異なる

2002年分の政党交付金交付額は、次の通りとなっている。

自民党	151億6395万4000円
民主党	87億1888万2000円
公明党	29億 614万8000円
自由党	19億6878万9000円
社民党	17億9198万5000円
無所属の会	3億7474万2000円
保守党	4億4984万9000円
自由連合	3億5710万8000円

Question.99

政党交付金は何に使ってもよいか

Answer

使途に制限はないが、私的流用は刑事事件になることもある

政党助成法は第４条１項で「国は、政党の政治活動の自由を尊重し、政党交付金の交付に当たっては、条件を付し、又はその使途について制限してはならない」と規定し、政党に対する国家権力の介入に歯止めをかけている。ただ、５万円以上の支出に関しては、原則として領収書添付の報告義務がある。

また、同条２項は「政党は、政党交付金が国民から徴収された税金その他の貴重な財源で賄われるものであることに特に留意し、その責任を自覚し、その組織及び運営については民主的かつ公正なものとするとともに、国民の信頼にもとることのないように、政党交付金を適切に使用しなければならない」と規定している。各政党は、交付金の使途に関する内規を作ったり、申し合わせをするなどして、飲食費や遊興費など国民が納得しない交付金の使用を防ぐ措置を講じている。

政党交付金を私的に流用した場合は処罰対象になる。

具体的事例としては、自民党の中島洋次郎衆院議員が党を通じて受け取った政党交付金をマンション維持費などの私的用途に流用したとして、1998年10月、政党助成法違反などの容疑で東京地検特捜部に逮捕されたケースがある。

コラム

国会議員は所属政党を変えられるか

かつて国会議員が所属政党を変えることは法的には自由だったが、2000年の通常国会で、比例代表議員は原則として所属政党が存続する限り、同一選挙で争った他党に移動すれば失職するとの規定を盛り込んだ改正国会法と改正公職選挙法が成立した。

例外として移動が認められるのは、①離党や除名によって無所属になった②選挙後に発足した新党に参加する③比例選を戦っていなかった政党に移る④所属政党そのものが他党と合併して新党になったり、他党に吸収される――などの場合となっている。

なお、改正法成立後、参院選比例選に、個人名でも投票できる非拘束名簿式が導入されたが、政党移動は禁止されたままだ。また、衆院の小選挙区選と参院の選挙区選で選出された議員は、選挙時に政党の公認候補だったとしても他の政党に移ることが認められている。

比例代表議員の政党移動を禁じる立法措置が講じられたのは、55年体制崩壊後の政界再編、政権交代や連立与党の枠組みの変化の過程で所属政党を変えるケースが続出し、「有権者に対する背信行為だ」との批判が高まったことによる。特に政党名で投票する比例選によって選出された議員が「選挙時の所属政党を離党して他党に移るのは有権者の投票意思に反する」と問題視された。

最初に問題化したのは、1996年10月の衆院選直後、新進党の米田建三衆院議員（南関東ブロック選出）が党運営を批判して離党し、７か月後に自民党に復党したケース。離党に際して、新進党は米田氏に議員辞職を勧告したが、米田氏が拒否したため除名処分とした。これに対し、米田氏は「党籍移動の自由の保障は民主主義の原点だ。少なくとも保守系政治家の立場から見た場合、支持者はたとえ比例代表であっても人で選んでいる」などと反論していた。

例えば2001年７月の参院選で改選対象となった参院議員では、当選時（補欠選挙、繰り上げを含む）の所属政党から別の政党に移動した議員は、同月初めまでに全体の４割を超す62人にのぼった。62人のうち40人は新進党で当選した議員で、移動先は公明党13人、民主党11人、自民党７人、自由党５人、保守党２人、自由連合、無所属各１人。社会党（後の社民党）で当選した議員も７人が民主党、２人が無所属に移動していた。

PART－V
選 挙 違 反

Question. 100

どんな行為が選挙違反になるか

Answer

買収や文書違反といった選挙にあたって法律に違反する行為

選挙に当たって法律に違反し、罰則を適用されるような行為を選挙違反と呼んでいる。

選挙の自由と公正が確保されていることは、民主主義社会にとって欠かせない前提条件だ。これを破る行為は民主主義を根幹から揺るがす結果にもつながりかねない。そこで、選挙違反には懲役や禁錮を含む重い刑罰が定められている。公職選挙法は、最も悪質な選挙犯罪と言われる買収のほか、文書違反、戸別訪問、選挙妨害などを選挙犯罪と定めている。

Question. 101

選挙違反にはどんな罰が科せられるか

Answer

懲役や禁錮に加え、5年間の立候補禁止という事実上政治生命を奪われる場合もある

94年の公職選挙法改正で、立候補者の関係者に買収などの選挙違反で禁錮以上の刑が確定した場合、同一選挙区からの5年間の立候補禁止などの重いペナルティが書き加えられた。この適用例も相次いだため、立候補者や選挙運動員の順法意識はある程度高まっている。

Question. 102

どんな行為が買収罪になるか

Answer

投票を買収や供応などの利益で左右する行為

投票を買収や供応などの利益で左右するような行為は、買収罪（公職選挙法221－223条）として重く罰せられる。選挙は、投票者が自由な意思を示すことに意義があり、それを損ないかねないためだ。

買収罪は、選挙違反の中で最も典型的かつ悪質なもので、大まかには、①買収・利害誘導罪（同法221条）②多数人の買収・利害誘導罪（同法222条）③候補者・当選人の買収・利害誘導罪（同法223条）――の三つに分けられる。

Question. 103

買収・利害誘導罪の罰則とは

Answer

3年以下の懲役・禁錮または50万円以下の罰金に処される

買収・利害誘導罪では、カネや物などの財産上の利益や公私の職務を供与すること、供応接待やその申し込み・約束に加え、学校や会社などの人間関係を利用した誘導などを処罰対象としている。刑罰は3年以下の懲役・禁錮または50万円以下の罰金。

Question. 104

選挙管理委員会関係者や地方自治体職員、警察関係者が買収するとどうなるか

Answer

4年以下の懲役・禁錮または100万円以下の罰金に処される

選挙管理委員会関係者や地方自治体職員、警察関係者が買収を犯した場合には、4年以下の懲役・禁錮または100万円以下の罰金という一般より重い刑罰が科せられる。同様に、候補者や選挙運動の総括主宰者、出納責任者などについても、罰則を重くする規定がある。

Question. 105

自分の利益を目的に立候補者のために多数の有権者を買収するとどうなるか

Answer

多数人の買収・利害誘導罪として、５年以下の懲役・禁錮に処される

多数人の買収・利害誘導罪では、財産上の利益を目的に、立候補（予定）者のために多数の選挙人や選挙運動者に対する買収行為をしたり、させた場合などについて、５年以下の懲役・禁錮と非常に重い罪を定めている。これは、いわゆる「選挙ブローカー」による悪質な行為を取り締まることを目的としている。

Question. 106

候補者や選挙運動の総括主宰者、出納責任者が多数人を買収するとどうなるか

Answer

多数人の買収・利害誘導罪として、6年以下の懲役・禁錮に処される

候補者や選挙運動の総括主宰者、出納責任者などが多数の選挙人を買収した場合には、6年以下の懲役・禁錮という重い刑罰が用意されている。

Question. 107

立候補を断念させたり、当選を辞退させるために買収するとどうなるか

Answer

候補者・当選人の買収・利害誘導罪として、4年以下の懲役・禁錮または100万円以下の罰金に処される

候補者・当選人の買収・利害誘導罪では、立候補を断念させたり当選を辞退させるために買収行為などをした場合に、4年以下の懲役・禁錮または100万円以下の罰金が規定されている。さらに、選挙管理委員会関係者や地方自治体職員、警察関係者、候補者、選挙運動の総括主宰者、出納責任者などに対しては、5年以下の懲役・禁錮または100万円以下の罰金という、一般より重い刑罰が科せられる。

Question.108

選挙後に買収するとどうなるか

Answer

事後買収で処罰される

選挙後の行為に対しても、公職選挙法は「事後買収」として221条に処罰規定を設けている。

最近では、2000年６月の衆院選で神奈川４区（横浜市栄区、鎌倉市、逗子市、三浦郡）で落選後、地元市議らに商品券を配ったとして、公職選挙法違反（事後買収、買収申し込み）の罪に問われた、飯島忠義元自民党衆院議員の例がある。飯島元議員は同年７月、衆院選の票の取りまとめの謝礼として、逗子、鎌倉両市議、葉山町議ら計24人に商品券計1850枚（計185万円相当）を配ったとして、横浜地裁で懲役１年６月、執行猶予５年、追徴金56万円（求刑・懲役１年６月）の有罪判決を受けた。

Question. 109

選挙運動では何を配布できるか

Answer

葉書とビラ、新聞紙、選挙広報に限られる

選挙運動で配布できるのは、選挙運動用の葉書とビラ、新聞紙、選挙広報に限られている。

公職選挙法は、142条で文書図画の「頒布（配布）」を、143条で「掲示」を規制する規定を設けている。

Question. 110

インターネットで選挙運動をしてもよいか

Answer

音声だけならばよい

文書図画は、紙に書かれたもの以外でも、映写やネオンサイン、アドバルーン、壁に書いた文字、道路に書いた砂文字など非常に幅広いものまで含まれると解釈されており、インターネットのホームページも該当するというのが総務省の見解である。ただ、総務省は、社会のＩＴ化に対応するため、インターネット・ホームページによる選挙運動を解禁する方向で検討を進めている。

民主党の島聡衆院議員は2000年６月の衆院選の期間中、選挙運動用にインターネットで音声だけのホームページを開設した。保利耕輔自治相の国会答弁で「視覚に訴えるものがなければ、文書図画に当たらないので違法ではない」との見解が示されていたのを逆手に取ったもので、島氏は「声だけのホームページでは選挙運動ができないという抗議の意味」を込めて音声を流したと主張している。

Question. 111

選挙運動用の葉書は何枚配ってもよいか

Answer

制限されている

葉書の枚数については、次のように規定されている。

①衆院小選挙区選では個人候補者が３万５千枚、候補者届出政党は２万枚×その都道府県の届け出候補者数

②参院選挙区選や知事選では、３万5000枚＋｛(その都道府県の衆院小選挙区数－１)×2500枚｝

③参院比例選（非拘束名簿式）の候補者は15万枚

④都道府県議選は8000枚

⑤政令指定都市の市長選は３万5000枚

⑥政令指定都市の市議選は4000枚

⑦他の市首長選は8000枚

⑧他の市の市議選は2000枚

⑨町村長選は2500枚

⑩町村議選は800枚

Question. 112

選挙運動用のビラは何枚配ってもよいか

Answer

制限されている

　ビラは、衆院小選挙区選と参院選挙区選にしか認められておらず、

①衆院小選挙区選の候補者は２種類で７万枚

②参院選挙区選では２種類で、10万枚＋｛(その都道府県の衆院小選挙区数－１）×１万5000枚｝(上限は30万枚)

などと定められている。

　衆院比例選については認められておらず、参院比例選でも認められていなかったが、非拘束名簿式の導入により名簿登載者個人が15万枚出せるようになった。

Question.113

選挙運動では何を掲示できるか

Answer

ポスターと立て札、ちょうちん、たすき等

掲示が許されるのは、

①選挙事務所を表示するためにその場所で使用するポスター、立て札、ちょうちん、看板など

②選挙運動用の自動車・船舶に取り付けるポスター、立て札、ちょうちん、看板など

③候補者の使うたすき、胸章、腕章

④演説会場で開催中使うポスター、立て札、ちょうちん、看板など

⑤個人演説会告知用ポスター

⑥選挙運動用ポスター

となっている。

Question. 114

制限された範囲を超えて葉書を配ったり、ポスターを掲示するとどうなる

Answer

文書違反になる

公職選挙法で制限された範囲を超える文書図画を頒布・掲示すると、文書違反に問われる。

選挙運動では「言論」による運動は原則として自由に行えるが、公職選挙法は「文書図画」による運動は法で認めたものだけに限定する「原則禁止」(142条、143条)を建前としている。これは、文書図画に要する費用が多額になることから、野放しにすれば資金力が選挙結果を左右しかねないことに配慮したものと解されている。こうした規定に反する行為は、文書違反となる。

Question.115

どんな行為が選挙妨害になるか

Answer

選挙人が自由な意思を表明することを妨げる行為

選挙人が自由な意思を表明することを妨げるような行為を、選挙妨害として処罰している（公職選挙法225－230条）。

このうち、「選挙の自由妨害罪」（同法225条）は、選挙人や立候補（予定）者などへの暴行、威力のほか、交通・集会・演説の妨害、文書図画の毀棄などについて、４年以下の懲役・禁錮または100万円以下の罰金に処すると定めている。

Question. 116

公務員や選挙事務関係者が選挙妨害をするとどうなる

Answer

職権濫用選挙妨害罪として、4年以下の懲役や禁錮等に処される

公務員や選挙事務関係者が職権を濫用して選挙妨害する行為（4年以下の禁錮）、投票した候補者や政党の名前の表示を求める行為（6月以下の禁錮または30万円以下の罰金）は、「職権濫用選挙妨害罪」（同法226条）として禁止されている。投票した候補者や政党などの名前を表示した時は、2年以下の禁錮または30万円以下の罰金（同法227条）が科せられる。

このほか、投票干渉や、勝手に投票箱を開く行為、選挙事務関係者・施設への暴行・騒擾、多数が集合しての選挙妨害などについても、それぞれ刑罰が定められている。

Question. 117

立候補（予定）者が寄付をするとどうなるか

Answer

公職選挙法の寄付行為の禁止違反で罰せられる

寄付の禁止をめぐっては、1999年８月、当時自民党の小野寺五典衆院議員（宮城６区）が、地元秘書７人と手分けして選挙区内の有権者宅約500軒を回り、「衆院議員小野寺五典」と金文字で記された漆器の線香セット（１セット約1000円、計約50万円相当）を配ったとして、公選法違反（寄付行為の禁止）容疑で同年12月に仙台地検に書類送検された。小野寺議員は議員辞職に追い込まれ、仙台簡裁は小野寺元議員と元公設秘書に対し、罰金40万円と公民権停止３年を命じた。この事件は、公職選挙法の寄付の禁止違反で、国会議員が刑事処分を受けた初のケースとなった。

Question. 118

立候補（予定）者以外に選挙に関する寄付を禁じられている人はいるか

Answer

国や地方自治体と請負をめぐって特別の関係がある人も禁じられている

国や地方自治体と土木事業その他の請負などで特別の関係がある人も、国会議員（国の場合）、首長や地方議会議員（地方自治体の場合）の選挙に関して寄付をすることはできない（公職選挙法199条１項）。国や地方自治体の利子補給対象として融資を受けている会社や法人についても、同様の定めがある（同条２項）。

Question.119

連座制とは何か

Answer

立候補(予定)者の関係者が選挙違反をした場合、関係者本人だけではなく立候補者も罰せられる制度

立候補（予定）者と一定の関係にある者が悪質な選挙違反を行った場合に、その関係者が処罰されるのみならず、当選を無効にしたり、立候補が制限される制度をいう。

1994年３月の公職選挙法改正による連座制強化（拡大連座制）では、秘書や組織的選挙運動管理者が対象に加えられたほか、同一選挙区での５年間の立候補禁止規定が盛り込まれた。この拡大連座制の目的は、クリーンな選挙を徹底させることにある。

Question. 120

連座制の対象になるのは誰か

Answer

総括主宰者や立候補(予定)者の親族・秘書など

連座制の対象は大きく次の３つに分類される。

①総括主宰者、出納責任者、地域主宰者、立候補（予定）者の親族・秘書

②選挙に出馬した公務員や公団などの役職者等と現役時代に職務上関係があった運動員など

③組織的選挙運動管理者

Question.121

どんな罪を犯すと連座制は適用されるか

Answer

買収罪などで刑罰を受けると適用される

買収・利害誘導（公職選挙法221条)、多数人買収・利害誘導（同法222条)、候補者・当選人に対する買収・利害誘導（同法223条)、新聞・雑誌の不法利用（同法223条の２）の罪で刑罰を受けた場合に適用される。親族・秘書は、禁錮以上の刑罰を受けた場合が対象となる。また、出納責任者については、選挙費用が法定制限を超えた罪で刑罰を受けた場合（同法247条）も含まれる。この場合、当選人は当選が無効になるほか、５年間は同じ選挙に同一選挙区からは出馬できなくなる。衆院選の重複立候補者については、小選挙区で落選し比例選で当選した場合でも当選無効となる。

Question. 122

公務員が国政選挙で当選した場合の連座制の対象は

Answer

後任者や上司、部下による買収など

公務員などが離職後３年以内に行われた国政選挙に、最初の立候補で当選した場合、役所のポストの後任者や上司、部下などが対象となる。買収・利害誘導（公職選挙法221条）、多数人買収・利害誘導（同法222条）、候補者・当選人に対する買収・利害誘導（同法223条）、新聞・雑誌の不法利用（同法223条の２）の罪で刑罰を受けた場合のほか、職権濫用による選挙妨害罪（同法226条）などの罪を犯した場合も含まれる。当選は無効となるが、立候補禁止規定はない。

Question. 123

組織的選挙運動管理者がどんな犯罪を犯すと連座制が適用されるか

Answer

買収罪などで刑罰を受けた場合

買収・利害誘導（公職選挙法221条）、多数人買収・利害誘導（同法222条）、候補者・当選人に対する買収・利害誘導（同法223条）、新聞・雑誌の不法利用（同法223条の２）の罪で禁錮以上の刑を受けた場合に、当選無効と５年間の同一選挙区・同一選挙での立候補禁止、衆院選の重複候補者に対しては比例選での当選無効が生じる。

連座制適用による当選無効の例では、野田実衆院議員が1998年11月の最高裁判決で秘書の選挙違反が確定したことにより失職し、国会議員に拡大連座制が適用された初のケースとなった。野田議員は96年10月の衆院和歌山３区で落選、近畿ブロック比例選で復活当選していた。最高裁判決により、比例選での復活当選が無効になると同時に、和歌山３区での５年間の立候補禁止が確定した。野田議員は、拡大連座制は憲法違反と主張したが、最高裁は「立法趣旨は合理的だ」として退けた。

Question.124

どんな人が組織的選挙運動管理者とされるか

Answer

立候補(予定)者と意思を通じて、組織的な選挙運動で運動の計画・立案等を管理している人

公職選挙法は、立候補(予定)者と意思を通じて、組織的な選挙運動で運動の計画立案・調整、運動員の指揮・監督などの管理をする人を組織的選挙運動管理者等と規定している(251条の3)。1994年の公職選挙法改正で、選挙の公正を徹底させるため、組織的選挙運動管理者が連座制の対象に含まれることになった。

「意思を通じる」とは、候補者と組織の総括者との間に意思疎通があれば十分で、運動を直接指揮した組織的選挙運動管理者と候補者間の意思疎通までは不要とされている。また、選挙違反をすることについてまで、意思が通じていることも不要とされる。

「組織」とは、政党や政党の支部、後援会などのほか、会社、労働団体、町内会、PTAなどが含まれると解釈されている。「運動の計画立案・調整」は、演説やビラ配り・ポスター貼りなどについて計画・調整

することを指す。「運動員の指揮・監督」は、前線でのリーダー役を意味する。

過去の判例では、「後援会の事務局員」も組織的選挙運動管理者に当たるかどうかが争われ、事務局員が選挙区内の連絡所責任者の選任や具体的運動内容を決めていたことを理由に組織的選挙運動管理者に当たると認定されたケースがある。

Question. 125

当選者の選挙違反はすべて当選無効になるのか

Answer

軽い違反ならば当選無効にならない

当選無効は、当選人が選挙違反を犯していた場合や、連座制の対象者による選挙違反が確定した時に発生する。

当選人自身の犯罪によるケースとしては、買収など公職選挙法第16章に記載された犯罪で処罰を受けた場合が当選無効となり、執行猶予付き判決を受けた場合も含まれる。例外として、比較的軽い罪の場合は当選無効とはならない。広告制限違反や、選挙期間後のあいさつ行為制限違反、選挙運動の収入・支出の規制違反、寄付制限違反などが例外となっている（公職選挙法251条）。

Question. 126

連座制の対象者が選挙違反で刑罰を受けると、ただちに当選無効になるか

Answer

連座制訴訟で争うことができる

連座制の対象者が選挙違反を犯した場合の当選無効は、当選者と一定の関係にある人の買収・利害誘導罪などの重い選挙違反によって生じる。ただ、選挙違反が刑事裁判で決定しても、ただちに当選無効となるわけではなく、続いて行われる連座制訴訟で当選無効が確定するのを待つというシステムが採られている。

例えば、総括主宰者、出納責任者、地域主宰者による選挙違反の場合は、当選者が検察官を相手取り、30日以内に高等裁判所に「当選が無効にならないことの確認を求める訴訟」を提起することができる。これを提起しなければ当選は無効となり、また、提起しても敗訴すれば当選無効となる。訴訟提起の理由としては「選挙違反をした者は、総括主宰者などではない」と主張することなどが考えられる。

Question. 127

親族や秘書が選挙違反で刑罰を受けると、ただちに当選無効になるか

Answer

検察が提訴し、勝訴すると当選無効になる

親族や秘書、組織的選挙運動管理者、公務員については、逆に検察官が当選者に対して、30日以内に高等裁判所に訴訟を提起する。これは、総括主宰者などの場合、選挙違反の刑事裁判で判決を受ける際に「総括主宰者である」などとして当選者との関係がすでに認定されるのに対し、親族などの場合は必ずしも認定されていないケースがあるためだ。検察側が勝訴した場合に当選は無効となる。

Question.128

公民権停止とは

Answer

選挙違反者から一定期間、選挙権と被選挙権を奪うこと

公民権停止とは、選挙違反者から一定期間、選挙権と被選挙権を奪うことをいう（公職選挙法252条）。選挙違反は、選挙の自由公正を侵すだけでなく、民主主義に害を与える行為であることから、刑罰だけでなく選挙に関する権利を剥奪することにしたものである。

選挙違反について定めている公職選挙法第16章の罪（「選挙人の偽証罪」など軽い犯罪を除く）を犯して罰金刑となったものは、判決確定から５年間、執行猶予付きの場合は確定後執行がなくなるまでの間、選挙権と被選挙権が奪われる。禁錮以上となった場合は、①判決確定から刑執行終了までの間とその後の５年間②刑の執行免除の時は免除を受けるまでの間とその後の５年間③執行猶予が付いた場合は執行猶予期間——について、それぞれ選挙権と被選挙権が奪われる。買収・利害誘導などの重い犯罪については、５年を10年に加重することになっている。

ただし、情状によって、裁判所は公民権の停止期間を短縮したり、公民権を停止しないこともできる。

Question. 129

選挙にはどれくらい金を使ってよいか

Answer

選挙ごとに一定の限度額がある

選挙にかける費用を無制限にした場合、選挙は政策や候補者の識見でなく、「財力」の争いになってしまい、金持ちばかりが当選してしまうことになりかねない。法定選挙費用は、これを避ける目的で、選挙運動に当てる支出の最高限度額を定めたものである。政党が主体の衆院比例選には適用されない。非拘束名簿式の導入により、候補者個人同士の競争という側面が加えられた参院比例選では5200万円と定められた。

法定選挙運動費用は選挙ごとに決まっており、それぞれ「固定額」に、選挙区内の有権者数に応じた「人数割り額」を加えて算出する。

Question. 130

衆院小選挙区選の法定選挙運動費用は

Answer

公示日の選挙人名簿登録者数×15円＋固定額

衆院小選挙区選では、人数割り額は15円、固定額は1910万円（地域によって2130万円、2350万円の選挙区もある）となっている。

また、参院選挙区選の法定選挙運動費用は、以下の通りである。

・公示日の選挙人名簿登録者数÷定数×人数割り額＋固定額

参院選挙区選は、同一選挙区から複数の当選者が出ることがあるので、有権者数を定数で割ってから計算を行う。

人数割り額13〜20円、固定額2370万円（北海道は2900万円）となっている。

なお、知事選の法定選挙運動費用は、次の通り。

・告示日の選挙人名簿登録者数×７円＋固定額

知事選では人数割り額７円、固定額2420万円（北海道は3020万円）となっている。

Question. 131

市長選などの法定選挙運動費用は

Answer

政令指定都市とそれ以外の市長選では費用の額が異なる

①政令指定都市の市長選では人数割り額７円、固定額が450万円となっている。法定選挙費用は、以下の計算式で算出される。

・告示日の選挙区の選挙人名簿登録者数×７円＋450万円

②政令指定都市以外の市長選と特別区の区長選では人数割り額81円、固定額310万円となっている。法定選挙費用は、以下の計算式で算出される。

・告示日の選挙区の選挙人名簿登録者数×81円＋310万円

③町村長選では人数割り額110円、固定額130万円となっている。法定選挙費用は、以下の計算式で算出される。

・告示日の選挙区の選挙人名簿登録者数×110円＋130万円

Question. 132

都道府県議選などの法定選挙運動費用は

Answer

告示日の選挙人名簿登録者数÷定数×人数割額＋固定額

地方議員の選挙は、同一選挙区から複数の当選者が出ることがあるので、有権者数を定数で割ってから計算を行う。

①都道府県議選では人数割り額83円、固定額390万円となっている。

②政令指定都市の市議選では人数割り額149円、固定額370万円となっている。

③政令指定都市以外の市議選と区議選では人数割り額501円、固定額が220万円となっている。

④町村議選では人数割り額1120円、固定額90万円となっている。

Question. 133

法定選挙運動費用の計算式は全国共通か

Answer

全国共通ではない。有権者が多い地域は調整される

有権者数が多い地域は、金額がばく大になってしまうため、天井を設定している。参院選挙区選と知事選では、固定額と有権者数の積を定数で割った数字が固定額の1.5倍を超えてしまう時は、法定制限額は「固定額の2.5倍」に抑えている。同様に、政令指定都市以外の市長選と区長選では、5倍を超える時は固定額の6倍にとどめ、政令指定都市以外の市議選と区議選では2倍を超える時は固定額の3倍にとどめる。また、指定都市の市議選では、同じ選挙区で道府県議選挙が行われると仮定した場合の法定選挙費用より20万円以上下回るように調整される。

Question. 134

法定費用以上の金を使うとどうなるか

Answer

当選無効などに処される場合もある

選挙運動関係者からは、「法定選挙費用は建前にすぎない。この金額を守っていたら当選できない」との声が聞かれるが、法定選挙費用を超えて支出した場合は当選無効など厳しいペナルティーもある。最近は、「カネのかからない選挙」を売り物にする候補者も増えており、いわゆる選挙のプロにまかせた大掛かりな選挙運動は有権者の共感を得にくいことから、「建前と実態のかい離」は徐々に改善されているとの指摘もある。

Question Answer

PART-Ⅵ

政治倫理確立の沿革と政治家のスキャンダル

拡大する政治倫理の意味合い

「政治家に古典道徳の正直や清潔などという徳目を求めるのは、八百屋で魚をくれというのに等しい」

警視総監も務めた秦野章元法相の言葉である。

日本には、政治家に高い倫理観を求めるのは、そもそも無理な話だという風潮がある。東京佐川急便事件で脱税容疑で逮捕された金丸信元自民党副総裁も、

「スズムシではあるまいし、倫理、倫理で飯が食えるか」

との言葉を残している。

だが、近年では、有権者の意識や世論は政治家の行動や発言に対して、より高い倫理観を求める傾向が強まり、「政治倫理」という言葉の持つ意味合いは拡大している。

政治とカネをめぐるスキャンダルはもちろん、異性との関係、犯罪の容疑者・被告や暴力団関係者などとの交遊、さらには職務に対する責任感を欠いた行動などをめぐって、公職を追われるケースは近年、増加傾向にある。

例えば、森首相の政権下（2000年４月～2001年４月）では、わずか１年の首相在任期間中に、

①マンション大手「大京」からの資金提供問題などで久世公堯金融再生委員長

②愛人女性に対する薬物事犯捜査情報の漏えい疑惑で中川秀直官房長官

③ケーエスデー中小企業経営者福祉事業団（ＫＳＤ）からの資金提供問題で額賀福志郎経済財政担当相

の３人の閣僚が相次いで辞任に追い込まれた。

森首相自身も、度重なる失言、ＫＳＤ事件、外務省元室長による機密費流用事件などのスキャンダル発覚に加えて、愛媛県立水産高校の実習船と米原子力潜水艦の衝突事故の発生直後に、ゴルフのプレーを続行していたことに世論の批判が沸騰。さらに、事故の連絡を受けた際にプレーをしていたゴルフ場の会員権が、知人の社長から森首相に無償で貸与され、首相名義に書き換えられていたことも発覚。これを引き金に退陣に追い込まれた。これも広い意味での政治倫理を問われた末の首相交代劇だった。

なぜ政治倫理は厳格化しているのか

選挙制度改革の影響

政治倫理の意味合いが広がり、有権者がより高い倫理を政治家に求めるようになった背景には、さまざまな要因が考えられる。

一つは、衆院選挙制度への小選挙区制の導入である。衆院の選挙制度は1994年の公職選挙法改正で、それまでの中選挙区制から小選挙区比例代表並立制に改められた。

小選挙区制の下では、各選挙区で当然ながら１人しか当選できない。このため、中選挙区制の時代とは異なり、わずかな原因が勝敗を分ける。その積み重ねの結果、それまでの与野党の関係が逆転する可能性も大きくなった。

議員個々人のスキャンダルが自らを選挙で窮地に追い込むだけでなく、与党議員であれば首相や閣僚、野党議員であれば所属政党の党首や幹部の不祥事、失言が、各議員の選挙結果を左右する。各議員は地元の選挙区で選挙民の厳しい声を聞くと、「このままでは自分の選挙が危ない」という危機意識を抱く。

このため、不祥事や失言があると、議員たちの間で首相の退陣、閣僚の更迭あるいは政党幹部の交代を求める声が強まる。中選挙区制時代に比べ、主要ポストに就いた政治家に、より高い自覚や倫理観が求められるようになったのは、議員心理として選挙に対する危機意識が働きやすくなった結果と言える。

無党派層の拡大

二つ目の要因は、有権者の政治意識の変化である。これは、相次ぐ不祥事の結果、政治家に対してより厳格な倫理を求めるという空気が広がったというだけでなく、支持政党を持たない、いわゆる無党派層が拡大している点が大きい。

かつては、例えば経営者対労働者という対立図式が支持政党に反映される傾向があったが、価値観が多様化するにつれ組織への従属意識が薄れた。経営者団体に属していても必ずしも自民党を支持しなかったり、あるいは労働組合に属していてもその組合が加わっている上部産別団体が支持する民主党、社民党などを必ずしも支持しない有権者が増えている。

また、東西冷戦構造の崩壊によってイデオロギーの対立がなくなったことで、政党間の垣根が低くなり、政党間の政策の違いが小さくなっているため、有権者は従来のように、票を投じる候補者や政党を変えることに抵抗感がなくなったと言える。

これまで支持し、あるいは前回の選挙で投票した政治家や政党に何らかの不祥事があった場合、有権者は心理的な抵抗を抱かずに対立候補に乗り換えることが可能になったことから、政治家のモラルに対してもより厳しい視線が注がれることになったのである。

メディアの変化

三つ目の要因は、メディアの変化である。写真週刊誌など雑誌メディアが発達し、政治家のスキャンダルが報じられるケースが増えたことや、民放テレビのワイドショー、スポーツ新聞などが政治家のスキャンダル、不祥事を積極的に取り上げるようになったことである。

中川秀直元官房長官が辞任に追い込まれた女性スキャンダルも、発端は写真週刊誌の記事だった。民主党の菅直人衆院議員も最初の党代表当時、週刊誌に女性スキャンダルを報じられことが、翌年の代表選で苦杯をなめる一因となった。

また、2002年の通常国会開会中に、国から支払われた政策秘書や公設秘書の給与流用疑惑が発覚し、衆院議員を辞職した田中真紀子元外相、辻元清美元社民党政審会長の場合も、それぞれ週刊誌の疑惑報道が発端だった。

政界では、週刊誌などに情報を提供し、政敵を窮地に追い込むというケースもあると言われている。一方的な「証言者」の出現によって醜聞報道がなされることもあるため、真偽が不確かな報道もないとは言えない。

週刊誌などがスキャンダルを報じると、政治家側が、週刊誌発売と同時に秘書団が地元選挙区内を駆け回り、有権者の目に触れないよう週刊誌を買い占めるというケースもある。政治家側が、出版社を名誉棄損で刑事告訴したり、民事訴訟に訴えるなどの対抗措置を取る場合もあるが、いずれにしても一度、スキャンダルが報じられると大きなダメージを受けるのは避けられない。

また、週刊誌などでスキャンダルを報じられた政治家が閣僚だったり、党幹部などの有力政治家である場合、政治家側が明確に報道内容を否定できない時には、新聞、テレビなど他のメディアが、後追い報道を繰り広げることになる。

このため、醜聞が広く知られることとなり、幅広い世論の批判にさらされ、責任問題に発展しかねない。特に、政治家がいったん報道内容を否定し、それが事実だったことが露見すると、その政治家は食言批判をも招き、政治生命の危機に直面することさえある。

ロッキード事件と政治倫理確立の動き

ロッキード事件

政治倫理を語るには、その確立が求められる最大の契機となったロッキード事件を振り返る必要がある。

事件は1976年２月、米上院多国籍企業小委員会でのロッキード社関係者による証言で、同社の日本に対する航空機売り込み工作が暴露されたことが発端だった。国会では関係者の証人喚問が繰り返され、小佐野賢治元国際興業社主が証言で連発した「記憶にございません」は、流行語にもなった。

事件は同年7月、田中角栄元首相の逮捕に至る。田中元首相は、首相在任中に5億円の賄賂を受け取ったとして、外国為替管理法違反と受託収賄罪で起訴され、1、2審とも懲役4年、追徴金5億円の実刑判決を受けた後、最高裁上告中に他界した。

田中元首相が賄賂を受け取った丸紅ルートのほか、橋本登美三郎元運輸相、佐藤孝行元運輸政務次官が賄賂を受け取った全日空ルート、ロッキード社の児玉誉士夫秘密代理人、小佐野元国際興業社主らが関与した児玉・小佐野ルートで起訴されたのは計16人にのぼる。このほか、時効や職務権限がなかったことで立件が見送られた政治家4人がいることも明らかになり、「灰色高官」と呼ばれた。

一方、78年12月には、米航空機メーカーの対日売り込み工作で、日商岩井から松野頼三元防衛庁長官、岸信介元首相にリベートが渡ったとされたダグラス・グラマン疑惑も発覚した。

「戦後最大の疑獄」と言われたロッキード事件は、発覚から20年以上たった97年9月になっても「後遺症」が現れた。懲役2年、執行猶予3年の有罪判決が確定し、89年に執行猶予期間が終了した元運輸政務次官の佐藤孝行衆院議員が橋本内閣に総務庁長官として入閣した際、世論の批判が沸騰。与党だった社民党からも罷免要求を突き付けられた。

辞任を促す中曽根康弘元首相に佐藤氏は「辞めろというこ

とは、政治的に死ねということだ」と食い下がったが、閣僚就任からわずか11日間で辞任に追い込まれた。ロッキード事件が日本の政治に残した傷は大きく、深かった。

ロッキード事件前後の改革

ロッキード事件発覚から１年余り前の74年11月、田中首相は「田中金脈問題」などを理由に退陣。椎名悦三郎自民党副総裁による、いわゆる「椎名裁定」で後継には三木武夫首相が就任した。

椎名氏は12月１日、自民党本部総裁室で福田赳夫前蔵相、大平正芳蔵相、三木武夫前副総理、中曽根康弘通算相という面々を前に、「国家国民のため神に祈る気持ちで考え抜きました。新総裁にはこの際、政界の長老である三木武夫君が最も適任であると確信し、ご推挙申し上げます」との声明文を読み上げた。田中元首相の金権イメージを払しょくするための「クリーン三木」の起用だった。

三木氏は「青天の霹靂だ。予想だにしなかった」と語って党総裁、首相への就任を受諾した。

ロッキード事件はそれから１年余り後に発覚。三木首相は「日本の政治の名誉にかけて真相を明らかにする」と語り、政治生命を賭して捜査当局による真相究明、国会での疑惑解明を推進する姿勢を鮮明にした。その姿勢は、世論には支持されたものの、自民党内の反発を招き、いわゆる「三木おろし」が始まった。三木政権の生みの親である椎名氏も「一点の惻隠の情さえ見られない」と首相を見放した。その後も三木首相は政権にとどまったが、76年12月、戦後初の任期満了による衆院選で自民党が敗北したのを受け、退陣を余儀なくされた。

しかし、三木首相は在任中、ロッキード事件の究明だけでなく、制度的な政治倫理の確立に取り組み、75年7月には自民党内の抵抗を押し切って、「改正政治資金規正法」を成立させた。この改正により、それまで無制限だった企業・団体献金に初めて上限が設けられた。だが、党内の反発は根強く、改正案を採決した参院本会議は、病気を含め13人の自民党議員が欠席したほどだった。

三木首相が就任直後に表明していた3年後の企業・団体献金廃止は、党内の抵抗にあって実現することは出来ず、5年後の見直し規定を盛り込むことで妥協せざるを得なかった。

三木首相は退陣の際、後継となった福田赳夫首相に対し、①金権体質の打破②派閥抗争の解消③党員参加の総裁選実現——を柱とする提言を示し、党改革の断行を求めた。福田首相は、自民党に対する世論の激しい金権批判を受けて、党改革に着手。77年4月の総裁選に党員投票による予備選を導入したほか、派閥解消にも努め、自民党各派はいったんは派閥事務所を閉鎖する。

しかし、田中派は解散から1年足らずで事実上、派閥を復活。さらに予備選導入を逆手に取って、派閥所属議員が各選挙区で後援会を通じて、党員集めを繰り広げ、派閥政治を全国の津々浦々に浸透させることになる。こうして田中派は「田中軍団」となって数の力を背景に党内を実効支配し、田中元首相は「闇将軍」と呼ばれるようになる。刑事被告人が日本の政治を裏で支配し、この時期には利益誘導政治も蔓延《まんえん》する。「田中支配」「田中的なるもの」といった言葉も生まれた。

84年3月、田中元首相は都内のホテルで開かれた田中派の懇親会で、100人以上もの国会議員を前に、「中曽根内閣は大変だ。我々が（中曽根氏に首相という）荷を負わせたんだから、しっかり後押ししなければならない。『駕籠に乗る人担ぐ人、そのまた草鞋を作る人』という言葉がある。黙って駕籠を担ぎ、草鞋を作っているのが田中派の諸君であり、私は敬意を表している」と述べている。

田中判決後の取り組み

83年10月、田中元首相が東京地裁で懲役4年の実刑判決を受けると、国会は野党側が提出した「議員辞職勧告決議案」の取り扱いをめぐって紛糾。審議が完全にストップした。中曽根康弘首相は田中元首相側近の二階堂進幹事長らに説得され、不本意ながら同年12月、衆院の解散・総選挙に打って出る。しかし、実刑判決が下された「首相の犯罪」に対する世論は厳しく、自民党は過半数を割る惨敗を喫した。

自民党と連立を組んだ新自由クラブは、連立の条件として政治倫理確立に取り組むための与野党協議会の設置を要求。この結果、84年2月に「政治倫理協議会」が発足した。

協議会では、疑惑を受けた議員について審査し、倫理に反することが明らかになった場合には制裁を課す「政治倫理審査会」（政倫審）のあり方をめぐって与野党が対立する。

野党の社会、公明、民社３党は、１審有罪議員を審査対象に加えることで政倫審を田中元首相の責任追及の場としようとした。これに対し、自民党は刑事責任不遡及《ふそきゅう》の原則を主張した。

また、倫理に反すると認定された議員に辞職を勧告することにも、自民党は抵抗した。一時は自民党内でも不遡及の条件付きで「懲罰範囲の拡大」が検討されたが、田中元首相は報告に訪れた小沢一郎衆院議院運営委員長を「バカなことを言うな」と怒鳴りつけたという。

協議会での押し問答、議員辞職勧告決議案をめぐる駆け引きが続く中、与野党は「有罪議員」を審査対象に明記せず、制裁内容は登院自粛、国会の役員辞任の勧告にとどめることで妥協する。さらに85年２月には田中元首相が脳こうそくで倒れ、野党による責任追及の声も急速にトーンダウン。85年６月に、

①衆参両院に政治倫理審査会を設置するための国会法改正

②政治倫理審査会規程

③行為規範

④政治倫理綱領

が制定された。

政治倫理審査会規程は、委員の３分の１以上の申し立てを審査の要件とする一方、実際に審査するには過半数の議決が必要と定められたため、与党が反対する限り審査には至らない仕組みとなった。86、87年には野党側が田中元首相、佐藤

元運輸政務次官の審査を申し立てたが、自民党の反対で実現には至らなかった。

ただ、その後、92年12月に政治倫理審査会規程は改正され、「不当な疑惑を受けた」議員本人からの申し出があった場合には「審査をしなければならない」との規程が加えられる。この結果、政倫審は「疑惑の幕引き」の場として利用されることになる。これまでに審査を受けたのは、①96年9月の加藤紘一自民党幹事長②98年6月の山崎拓同党政調会長③2001年2月の額賀福志郎元経済財政担当相④2002年7月の田中真紀子元外相――の4人で、審査後に疑惑追及はさたやみになっている（2003年2月現在）。

リクルート事件と政治改革

リクルート事件

田中元首相に対するロッキード事件の1審有罪判決から5年。「首相の犯罪」がしだいに風化する中で、同事件以来の大型疑獄事件が発覚した。値上がりが確実で一般庶民には入手困難なリクルートコスモス社の未公開株が、政官財の有力者にばらまかれていた事実が次々に判明。株譲渡を受けた政治家は、まさに「ぬれ手にアワ」式に巨額の利益を得た。バブル経済を象徴する事件は、衆院の選挙制度改革を含む政治改革の出発点となった。

リクルート事件は88年6月、川崎市助役への株譲渡疑惑が表面化したことをきっかけに中央の政官財界に拡大した。同年12月、東京地検特捜部が異例の「捜査開始宣言」を発して本格捜査に着手。特捜部は89年2月にリクルート社の江副浩正元会長らを逮捕する。その後、真藤恒ＮＴＴ元会長、高石邦男元文部事務次官、加藤孝元労働事務次官らを次々に逮捕・起訴した。5月には捜査が政界に及び、特捜部は藤波孝生元官房長官、池田克也元公明党衆院議員を、就職協定問題でリクルート社に便宜を図ったとして受託収賄罪で在宅起訴した。ＮＴＴ、労働省、文部省、政界の4ルートで起訴されたのは計12人にのぼる。

藤波元官房長官は、リクルート社の江副元会長らから、国家公務員の採用に関し、民間企業の就職協定に沿った対応をするよう請託を受け、謝礼として84、85年の盆と暮れに500万円ずつ計2000万円の小切手を受領。さらに86年9月にリクルートコスモス社の未公開株1万株（売却益2270万円）を秘書名義で譲渡されたとして起訴された。

1審・東京地裁は94年9月、「請託の事実や、藤波被告が賄賂と認識できたかどうかについて疑問が残る」として無罪としたが、2審・東京高裁は「公務員が職務行為に関して請託を受け、一定の利益が交付された場合は、特段の事情がない限り賄賂性の認識があったというべきだ」として、懲役3年、執行猶予4年、追徴金4270万円の逆転有罪判決を言い渡した。99年10月には最高裁が2審判決を支持して上告を棄却し、有罪が確定した。

池田元議員は、リクルート社の江副元会長の指示を受けた同社員らから、官庁の青田買いを国会で取り上げるよう請託を受け、その謝礼として84、85年に計200万円の小切手を受領。85、86年に妻が代表取締役を務めていたビル管理会社の銀行口座に計500万円の振り込みを受け、さらに86年９月にリクルートコスモス社の未公開株5000株（売却益1135万円）を実弟名義で譲渡されたとして起訴された。池田元議員は、１審・東京地裁で懲役３年、執行猶予４年、追徴金1835万円の有罪判決を受け、この判決が確定した。

リクルート事件では、職務権限に関わった２人の政治家が刑事責任を問われたが、このほかにも与野党の国会議員14人の本人や秘書、家族にリクルートコスモス社の未公開株が譲渡されていたことが発覚。当時の竹下登首相、宮沢喜一蔵相、安倍晋太郎幹事長、渡辺美智雄政調会長、中曽根康弘前首相ら自民党の有力政治家の名が一斉に挙がった。

宮沢蔵相が辞任したのに続き、竹下首相も退陣に追い込まれた。また、中曽根氏は国会で証人喚問され、自民党を一時離党。野党側でも塚本三郎民社党委員長が辞任に追い込まれるなどした。

しかし、長男が譲渡を受けた渡辺氏は「縁故募集やゴルフ会員権の売買と同じだ。仕手戦に参加したわけではなく、大人が個人の資格でやったこと。悪いことではない」と強気の発言を連発。反省、謝罪の弁を語った政治家も少なくないが、渡辺氏は、むしろ政治家の本音を語っていたとも言える。カネに対する政界の感覚が、庶民感覚といかにかけ離れているかを象徴する事件だった。

政治改革のスタート

89年４月末に竹下首相が退陣を表明した後、後継には、まずクリーンなイメージが強い伊東正義自民党総務会長が有力視された。「カネに対する政治家の感覚のマヒ」を指摘する伊東氏は同年５月、竹下首相との会談で首相就任の条件として、次の衆院選まで竹下、中曽根、安倍、宮沢、渡辺のリクルート関係議員５人が議員辞職するよう求めた。

竹下氏は「俺は用意はできている。安倍ちゃんも辞めるかもしれない。でも、あとの３人は話しようがない」と答えた。結局、伊東氏の要求は党内の理解を得られず、伊東氏は健康不安もあって首相就任を固辞。後継首相のお鉢が回ったのは宇野宗佑氏だった。

しかし、リクルート事件に対する世論の批判は厳しく、さらに消費税導入への反発、農産物自由化問題、宇野首相の買春問題もあって、自民党は同年７月の参院選で惨敗し、参院では与野党の議席数が逆転。宇野首相は責任を取って辞任し、わずか69日間の短命政権となった。

後継には海部俊樹首相が就任した。リクルート事件を背景とする政治不信を解消するため、海部内閣に課せられた最重要課題は「政治改革」を断行することだった。

これと前後して、自民党はリクルート事件に対する反省から同年５月、「政治改革大綱」を決定した。相次ぐ政治腐敗は、衆院選で同じ政党の候補者同士が戦い、派閥の形成を助長する中選挙区制に起因しているとして、「自らの出血と犠牲を覚悟」し、衆院の選挙制度を含む抜本改革を公約したものだった。

海部首相は同年６月、第８次選挙制度審議会を設置し、選挙制度改革について諮問した。審議会は90年４月、衆院選挙制度に小選挙区比例代表並立制を導入することを柱とする「選挙制度及び政治資金制度の改革についての答申」を首相に提出。中選挙区制では、同一政党の候補者が争う結果、政策論争よりサービス合戦につながりやすいことを踏まえ、政策本位・政党本位の選挙制度に改めるよう提言した。

また、審議会は同年７月、「参院議員の選挙制度及び政党に対する公的助成等についての答申」、91年６月には「衆院議員の選挙区の区割りについての答申」「選挙の腐敗行為に対する制裁強化のための新たな措置についての答申」を相次いで提出した。これらの答申内容は、94年の「政治改革関連４法」の成立によって導入される衆院の新選挙制度、政党助成制度や政治資金規正法強化につながることになる。

海部首相は、これらの答申を受けて91年８月、国会に政治改革関連３法案を提出する。が、自民党内には依然、小選挙区制導入に異論が根強く、法案が国会に提出されながら、党内の意見集約は困難なままだった。梶山静六国対委員長らは法案採決への対応で党が真っ二つに割れることを危ぐし、小此木彦三郎衆院政治改革特別委員長が同年９月、委員長職権で法案の廃案を宣言した。

この事態を受けて、政治改革を最大の政治課題とする海部首相は、「重大決意」を発言し、衆院の解散・総選挙を画策する。しかし、最大派閥・竹下派の支持を得られなかった。

ちょうど間近に自民党総裁の任期切れ、総裁選の時期が迫っていたため、海部首相は総裁選での再選を断念する形で退陣。選挙制度改革を含む政治改革の実現は、91年11月に発足した後継の宮沢政権に引き継がれた。

政界再編による改革実現

共和汚職と東京佐川急便事件

政治改革が足踏みを続ける間にも、国民の政治不信を増幅させる疑獄事件が続発した。

90年12月には稲村利幸元環境庁長官が国際航業株の仕手戦に絡んだ巨額脱税事件により、所得税法違反で起訴された。さらに92年１月には阿部文男元北海道沖縄開発庁長官が、鉄鋼加工メーカー「共和」から8000万円の賄賂を受け取っていたとして、東京地検特捜部に逮捕された。公判では、阿部元長官が共和側に対して、

「次の組閣では必ず大臣になり、共和のために尽力するので、資金の援助をしてもらいたい」

などと持ちかけていたことが判明。政治家のたかり体質を象徴するやり取りが次々に明らかになった。

共和汚職事件では、起訴された阿部元長官以外にも、鈴木善幸元首相、塩崎潤元総務庁長官、加藤紘一官房長官にもカネをめぐる疑惑が発覚。鈴木氏は国会で参考人として追及され、塩崎氏も証人喚問された。また、加藤氏は、後に衆院政治倫理審査会で自らの申し出により審査を受けた。

さらに同年には、政界を大きく揺るがし、政界再編の引き

金となる東京佐川急便事件が発覚する。

同事件では、まず同社の渡辺広康元社長ら旧経営陣が特別背任罪に問われ、債務保証先から還流された「佐川マネー」が政界工作に使われた疑惑が浮上。同年8月、渡辺元社長から金丸信自民党副総裁に対し、90年2月の衆院選直前に5億円にのぼる違法献金が渡っていたことが発覚した。

金丸氏は、まず党副総裁を辞任。さらに10月になって衆院議員を辞職するとともに、最大派閥・竹下派の会長の座からも退いた。重しを失った竹下派は、同派の小沢一郎会長代行（元自民党幹事長）と反小沢グループが激しい抗争を展開。最終的に、

①羽田孜蔵相、小沢氏を中心とする羽田・小沢派

②小渕恵三、橋本竜太郎両元自民党幹事長を中心とする小渕派

の2派に分裂する。

一方、東京佐川急便事件をめぐっては、竹下政権の誕生に暴力団が関与していた疑惑も発覚する。

87年10月の自民党総裁選に出馬を目指していた竹下登幹事長（当時）に関し、右翼団体「日本皇民党」が国会周辺で「金もうけがうまい竹下さんを総理に」などと連呼し、「ほめ殺し」と呼ばれる街宣活動を展開した「皇民党事件」をめぐり、金丸氏から相談を受けた渡辺元社長が広域暴力団稲川会の石井進前会長に解決を依頼。その結果、街宣活動がやんだことなどが、東京佐川急便事件の公判で次々に明るみに出た。

この疑惑をめぐっては、竹下元首相、小沢一郎元自民党幹

事長が国会で証人喚問されたほか、金丸氏も入院先の病院で臨床尋問を受けた。竹下氏は92年11月、衆院予算委員会での証言で、

「私という人間の持つ体質が悲劇を生んでいる。これは私自身顧みて、万死に値すると思う」

と語った。

こうした事件、疑惑の発覚で、国民の政治不信はいっそう深刻になり、政治改革の実現が強く求められた。このため、与野党は政治改革協議会を設置し、当面合意が可能な項目について「緊急政治改革」として、関連法案の早期成立を図ることで一致。92年12月に、

①９増10減による衆院の定数是正

②執行猶予つきでも収賄罪で有罪が確定した場合の公民権停止

③政治資金の量的制限違反への禁錮刑導入

④国会議員などの資産公開義務化

などを内容とする関連法案が成立した。

これにより、選挙制度改革を含む抜本的な政治改革は、再び先送りされた。

55年体制の崩壊

政治改革の実現を求める世論が高まる中で、与野党は議員立法による選挙制度改革を目指すことになった。93年の通常国会に、自民党は衆院の選挙制度を単純小選挙区制に改めることを柱とする関連法案を提出。これに対し、社会、公明両

党は小選挙区比例代表併用制導入を柱とする関連法案を提出した。

5月の連休明けに始まった衆院政治改革特別委員会での審議時間は、会期末を前に100時間を超え、法案を採決するかどうか、与野党が歩み寄って妥協案を取りまとめるかどうかが焦点となった。しかし、ここでも自民党内の選挙制度改革に積極的なグループと消極的なグループの対立が激化し、事態はこう着状態に陥った。

こうした中で宮沢喜一首相は、民放テレビのインタビューに対し、政治改革について、

「この国会でやらなくてはならない。やるんです。私は嘘をついたことはありません」

と実現させる意向を強調するが、自民党内の意見集約にリーダーシップを発揮することはできないまま、通常国会は終盤を迎える。

会期末になって社会、公明、民社の野党3党は、

「この事態に際し、自民党総裁たる宮沢総理は言葉とは裏腹に何らの指導性も発揮せず、与野党合意に向けた誠意ある対応も示さずに終始した。これは国民の政治不信を募らせ、内閣の権威を失墜させて、まさにわが国の議会制民主主義の基礎を破壊するものであり、その責任は重大である」

などとする宮沢内閣不信任決議案を衆院に提出した。

宮沢内閣不信任決議案は6月18日夜、衆院本会議で採決され、野党に加え羽田・小沢派など自民党の一部が賛成に回ったことから、賛成多数で可決された。これを受けて、宮沢首

相は衆院を解散した。内閣不信任案への自民党の賛成者は39人にのぼった。

不信任案可決後、自民党から離党が相次ぎ、武村正義同党政治改革推進本部事務局長ら政治改革推進派の若手議員10人は新党さきがけを結成。羽田・小沢派も新生党を結成した。

7月18日に投開票が行われた衆院選で、自民党は過半数を大幅に下回る223議席で惨敗。新生党、日本新党、新党さきがけの新党3党が躍進し、社会党は大きく議席を減らした。この結果、宮沢首相は退陣。日本新党の細川護熙代表が首相に就任し、非自民・非共産の各党による連立政権が発足した。自民党は下野し、ここに55年体制は崩壊した。

政治改革の実現

細川政権は、衆院の選挙制度改革を含む抜本的政治改革の実現という目的の下に、非自民・非共産の政党が結集した連立政権だった。細川内閣は93年9月、

①衆院選挙制度に小選挙区、比例代表の定数を各250とする小選挙区比例代表並立制の導入

②政治家個人への企業・団体献金の禁止

③政党助成金の導入

などを柱とする政治改革関連4法案を国会に提出した。

衆院での審議が煮詰まった11月、細川連立与党は野党・自民党の妥協を引き出す目的で、定数配分を小選挙区274、比例代表226に改めることを柱とする修正案を自民党に提示したが、自民党の賛同は得られなかった。このため与党は、政

治改革関連４法案に自民党に提示した修正を加え、与党の賛成多数で衆院を通過させた。

参院でも政治改革関連法案の審議は難航し、同法案をめぐる与野党攻防は越年する。そして迎えた94年１月22日の参院本会議。同法案の採決で野党・自民党の何人が政府案に賛成し、与党・社会党の何人が反対するか。与野党双方の造反者数、それに伴う法案の成否が全く読めないまま、政治改革関連４法案は採決に持ち込まれた。その結果、自民党からは５人が賛成票を投じる一方、社会党からは17人にのぼる反対が出たため、同法案は反対多数で否決された。

衆参両院が異なる議決をしたことから、同法案の取り扱いは両院協議会に委ねられるが、両院協議会での協議は暗礁に乗り上げ、27日に衆院側議長の市川雄一公明党書記長の職権で打ち切られる。

この時点で細川首相ら連立与党の幹部は、憲法59条の「衆議院で可決し、参議院でこれと異なった議決をした法律案は、衆議院で出席議員の３分の２以上の多数で再び可決したときは、法律となる」との規定に従い、衆院本会議で改めて採決する腹を固めていた。無論、連立与党の衆院議員数は、衆院議席の３分の２には及ばない。衆院での再議決の結果、政治改革関連法案が自民党など野党の反対で廃案に追い込まれれば、これを理由に衆院を解散し、国民に信を問うというのが連立与党幹部の描いた戦略だった。

衆院の解散・総選挙が秒読み段階に入る中で、土井たか子衆院議長が事態収拾に動き、その求めに応じて28日午後７時すぎから、国会内で細川首相と河野洋平自民党総裁による与野党のトップ会談が行われた。

自民党内には選挙制度改革に反対する議員らを中心に主戦論がないわけではなかった。しかし、「総選挙になれば自民党は壊滅的な敗北を喫する」と見た自民党執行部は与党との合意に傾く。一方の与党側も、前年7月の衆院選で勢いづいた新党グループには「解散やむなし」との意見が広がったが、社会党など旧来の政党内には選挙は避けたいとの空気が強かった。

こうした双方の内部事情を抱え、トップ会談は約2時間の協議を経て合意に達した。その内容は、連立与党側が自民党に大幅に譲歩するもので、

①小選挙区300、比例代表200

②比例代表は全国11ブロックで選出

③政治家個人への企業・団体献金は一つの資金管理団体に対し、5年間に限って年間50万円を容認

などを内容としていた。

河野総裁「ここで合意書に署名させていただきます。総理からどうぞ」

細川首相「ペンは借り物ですが、中身は大幅に譲らせていただきました」

トップ会談後に共同記者会見に立った両氏は、29日午前零時50分、こう言葉を交わしながら合意文書に署名した。この合意を受けて修正された政治改革関連4法は、臨時国会閉会日の同日午後、衆参両院の本会議で可決、成立した。

その後、選挙制度改革を中心とする政治改革は、自社さ連立の村山富市首相の下で、同年11月に衆院の300小選挙区の区割り法が成立し、一応の完結を見るに至った。

離合集散の繰り返し

細川首相は94年４月、東京佐川急便からの１億円借り入れ問題で国会が空転したことの責任を取り、「道義的責任を負うべきものと判断した」として退陣を表明した。細川首相は、この問題のほかＮＴＴ株購入をめぐる疑惑も指摘され、そのクリーンなイメージに対する国民の期待が裏切られる形となった。

後継首相には羽田孜新生党党首が就任するが、社会党、新党さきがけを除く与党の主要政党が衆院で統一会派を結成したことに社さ両党が強く反発し、両党は連立を離脱。羽田政権は少数与党を余儀なくされ、通常国会会期末の６月には内閣不信任決議案を突きつけられて総辞職。在任わずか59日の戦後２番目の短命政権となった。

そして、自民、社会、さきがけの３党が連立を組み、村山富市社会党委員長を首相とする自社さ連立政権が誕生。一方、羽田政権で与党だった９党派は同年12月10日、新進党を結党した。しかし、新進党は羽田、小沢両氏の確執など内部抗争が重なり、３年後の97年末、解党に至る。

その一方で、96年には社会党、さきがけの議員を中心とする民主党が結成され、民主党に加わらなかった議員らが存続させた社会党は、社民党に党名を改める。98年には７月の参院選を機に社民、さきがけ両党が与党から離脱。その後、政権の枠組みは自民、自由の自自連立、さらに公明党を加えた自自公連立、自由党が自由、保守両党に分裂したことによる自公保連立へと姿を変える。こうした離合集散の繰り返しも国民の政治不信を助長する一因となった。

跡を絶たない政治腐敗

続発する政治家の不祥事

政治改革の実現後も、政治とカネをめぐる事件は続発する。

94年3月には、中村喜四郎元建設相がゼネコン汚職事件で、談合事件の告発を見送るよう公正取引委員長に働きかけ、その見返りとして大手ゼネコン鹿島の元副社長から現金1000万円の賄賂を受け取ったとして、東京地検特捜部にあっせん収賄容疑で逮捕された。

95年12月には、山口敏夫元労相が信用組合の乱脈融資事件に絡み、背任容疑で東京地検特捜部に逮捕される。

さらに97年1月には「オレンジ共済組合」の巨額詐欺事件で、友部達夫参院議員が詐欺容疑で警視庁などの合同捜査本部に逮捕された。同組合の実質的主宰者だった友部被告は2000年3月の1審・東京地裁判決で、妻や二男らと共謀して94年5月から96年9月にかけて「銀行や郵便局より有利な利息で、元本は確実に保証する」などと偽り、「オレンジスーパー定期」などの名目で顧客35人から総額約6億6500万円をだまし取ったとして、懲役10年の実刑判決を受けた。

参院は友部被告に対し、97年4月に初めて議員辞職勧告を決議。1審判決後の2000年3月には参院議運委の与野党理事が友部被告に接見し、議員辞職を勧告したが、友部被告は「私は無罪だ。(議員)バッジは絶対に外さない」と辞職を拒否。2001年の上告棄却、失職に至るまで議員に居座り続けた。

友部元参院議員は95年の参院比例選で、旧日本新党枠で新進党の名簿順位13位にランクされ、議員バッジを手中に収めていた。このため、友部元参院議員の順位を上げるために金銭による政界工作が行われたのではないかという疑惑も浮上したが、その真相は不明のままとなった。

さらに98年2月には、日興証券による利益供与事件で、内閣が衆院に対して新井将敬衆院議員の証券取引法違反容疑での逮捕許諾を請求。新井議員はその翌日、都内のホテルで自殺した。

また、同年10月には中島洋次郎元防衛政務次官が政党交付金を流用したとして政党助成法、政治資金規正法違反容疑で東京地検特捜部に逮捕された。東京地検は11月、中島被告を起訴すると同時に公職選挙法違反(買収)容疑で再逮捕。12月には、防衛庁の救難飛行艇開発に絡んで、富士重工の元会長から現金500万円を受け取ったとして受託収賄容疑で再逮捕した。加えて、中島被告は政策秘書の名義を借り、政策秘書給与約1031万円を国からだまし取ったとして詐欺罪でも起訴され、合わせて5つの罪で起訴された。

中島被告は1、2審で起訴事実を全面的に認めたが、実刑判決だったため量刑を不服として最高裁に上告。上告中の2001年1月、都内の自宅で自殺した。

2000年６月には、中尾栄一元建設相が建設相在任中に、建設省発注工事の指名業者選定をめぐり、都内の建設会社から現金、小切手計3000万円を受け取ったとして受託収賄容疑で東京地検特捜部に逮捕された。中尾元建設相は、このほかにも3000万円の賄賂を受け取っていたことが発覚し、追起訴された。

さらに2000年９月には山本譲司衆院議員が、国から元政策秘書に対して支給された給与をだまし取ったとして、東京地検特捜部に詐欺容疑で逮捕された。国会議員の秘書給与は、政策秘書、公設第１・第２秘書の計３人について国費でまかなわれているが、この事件を機に

①私設秘書給与や政治活動費捻出のための政策・公設秘書給与のピンハネ

②親族を政策・公設秘書に採用することによる資金捻出

などの横行が指摘された。

ＫＳＤ事件

ＫＳＤ事件は、参院比例選の自民党候補者名簿の順位決定に、特定の団体の資金力、組織力がフルに利用されていたことを明らかにし、政治不信、政党不信をいっそう深刻なものにした。事件は「ケーエスデー中小企業経営者福祉事業団（ＫＳＤ）」の古関忠男元理事長が、業務上横領容疑で東京地検特捜部に逮捕されたことに端を発し、ＫＳＤから選挙支援を受けていた２人の自民党参院比例代表議員の汚職事件に発展する。

まず、逮捕されたのは95年の参院選でＫＳＤの全面支援を受けて初当選した小山孝雄参院議員だった。小山議員は2001年１月、受託収賄容疑で東京地検特捜部に逮捕された。その容疑は、参院労働委員会で、①ＫＳＤ関連財団による海外研修生受け入れ事業にからむ外国人の技能実習期間の延長②ＫＳＤが推進していた「ものつくり大学」建設構想——を後押しする質問をするよう求められ、その趣旨に沿って国会質問をした見返りとして2000万円の賄賂を受け取ったというものだった。

逮捕後に小山議員は参院議員を辞職するが、さらに２月、労働政務次官当時に、ＫＳＤが建設を推進した「ものつくり大学」への国の補助金の増額を労働省に働きかけたことの見返りに、ＫＳＤ側から秘書給与計1060万円の肩代わりを受けたとして、受託収賄容疑で再逮捕された。

捜査は、小山元議員がかつて秘書を務めていた、元労相で自民党有力政治家の村上正邦参院自民党議員会長に波及する。村上元労相は同年１月、自らの支持団体であるＫＳＤによる政界工作が次々に明るみに出る中で、その混乱の責任を取り、参院自民党議員会長を辞任。さらに２月、参院議員を辞職した。

しかし、①参院本会議の代表質問での「ものつくり大学」建設推進を求める発言②自民党の参院比例選候補にとってノルマである党員集めへのＫＳＤの協力③ＫＳＤ側による事務所家賃の肩代わり疑惑——などをめぐって、野党だけでなく与党内からも疑惑解明を求める意見が強まり、村上元労相は同月末、参院予算委員会で証人として喚問された。喚問では「私は犯罪者ではございません。身の潔白は司法の場において明らかにする」と強調する一方で、質問が疑惑の核心部分に及ぶと「訴追の恐れがある」として、14回にわたり証言拒否を繰り返した。

証人喚問翌日の３月１日、村上元労相は受託収賄容疑で東京地検特捜部に逮捕された。村上元労相の容疑は、96年１月の参院本会議での代表質問で「職人大学（ものつくり大学）の設立等を進めるべきであると提案する」などと述べたことへの見返りとして、古関元理事長から現金5000万円と資金管理団体などの事務所家賃2288万円、合わせて7288万円の賄賂を受け取ったというものだった。

ＫＳＤから政界に流れた資金の総額は少なくとも17億6000万円にのぼり、このうち4割強の約７億2500万円が村上元労相側に、約５億2600万円が小山元議員側にわたったと見られ、２人に対するＫＳＤの資金提供額は群を抜いていた。ＫＳＤ会員の中小企業経営者名を勝手に使った、いわゆる架空党員集めでは、91～98年に村上、小山両元議員の比例名簿順位の引き上げを主な目的として、少なくとも計14億7000万円の党費が自民党に納められたとされる。

特に92、98年の参院選に際しては、村上元労相の順位引き上げのため、ＫＳＤ関連政治団体がＫＳＤ会員から無断で名前を借りる方法で少なくとも延べ約21万人分の党員名簿を作成。党費肩代わりの額は約６億2000万円にのぼったとされる。

党費肩代わりは「ＫＳＤ事件の本質の一つ」とされ、検察当局も政治資金規正法違反での立件を検討したが、①架空党員かどうかを見極めるために約９万人からの事情聴取が必要②自民党側に架空党員との認識があったと認定するのは難しく、献金側だけを立件するのは不公平——などの理由から立件は見送られた。

一方、ＫＳＤ事件では、ＫＳＤ側から額賀福志郎経済財政担当相に対して計1500万円の資金提供があったことも発覚。額賀氏は2001年１月、閣僚辞任に追い込まれた。額賀氏は、官房副長官だった2000年１月の小渕首相（当時）の施政方針演説で「ものつくり大学」について言及されたことへの関与などが取り沙汰された。

この問題では、額賀氏自らの申し出により、衆院政治倫理審査会で３例目となる審査が行われたが、額賀氏は1500万円の資金提供について、秘書が預かり、後に報告を受けて秘書に返却を命じたと説明。「返却までに半年も時間がたったことは弁明の余地がない。国民が納得できる説明になっているとは思わない」などと述べるにとどまった。

疑惑続出——2002年通常国会

ムネオ流政治にメス

2002年の通常国会は、国会議員と国会議員の秘書、元秘書による犯罪や疑惑が次々に発覚し、逮捕、離党、議員辞職が相次いだため、「疑惑国会」と称された。疑惑の政治家の多くが、メディアを通じて国民的人気を博し、あるいは政府や政党の枢要なポストを経た顔ぶれだったことから、テレビのワイドショーもこぞって政治ネタを取り上げ、政治スキャンダルは劇場型の様相を深めた。テレビを通して大衆迎合に走っていた政治家たちの権威失墜は、その人気や知名度の裏返しとして政治不信をいっそう深刻にした。

「疑惑国会」の最大の主役は鈴木宗男元北海道沖縄開発庁長官だった。鈴木元長官は甲高い声で早口にまくしたて、相手を圧倒する強烈なキャラクターを持つ。官僚を怒鳴りあげることで存在感を誇示し、時として巧みに官僚を懐柔することで官界に深く食い込んだ。こうして外務省をはじめとする中央省庁への影響力を確保し、その影響力を行使した「口利き政治」で集金力と集票力を蓄え、鈴木元長官は有力政治家にのし上がった。その強引な政治手法は「ムネオ流」とも呼ばれた。

「ムネオ流」政治に対する追及は、同年 1月に東京で開かれた「アフガニスタン復興支援ＮＧＯ会議」への日本のＮＧＯ（民間団体）２団体の出席を外務省が排除した問題をめぐって、鈴木元長官（当時・衆院議院運営委員長）の同省への圧力が指摘されたことで幕を開ける。

鈴木元長官の「天敵」と言われた田中外相は国会答弁で、この問題をめぐる政治家の圧力について、「(野上義二外務）次官に電話で話したら、そうした（鈴木元長官の）名前があったことを確認した」と発言。これに対し、鈴木元長官は「(野上）次官から電話があり、政治家から圧力があったという話は外相に一切していないと話していた。外相はウソをついてはいけない。非常に不愉快だ」と、外相発言を真っ向から否定した。

このため、2002年度政府予算案審議を抱えた国会は紛糾。小泉純一郎首相は混乱収拾のため、田中外相、野上次官を更迭。鈴木元長官も衆院議員運営委員長を辞任した。泥仕合を繰り広げる天敵同士の対決は、衆院予算委員会での参考人質疑に持ち込まれたが、両者の言い分は180度違ったまま、真相はやぶの中だった。

また、「異常な関係」と言われた鈴木元長官と外務省との“癒着”をめぐって、北方４島支援事業やＯＤＡ（政府開発援助）によるケニアの水力発電書建設などへの鈴木元長官の介入疑惑が浮上する。このため衆院予算委員会は３月に鈴木元長官を証人喚問。鈴木元長官は「利権のために動いたことは毛頭ない」との弁明を繰り返したが、自民党内からも批判が強まり、離党に追い込まれた。

鈴木元長官に対しては、捜査当局による疑惑追及も着々と進められていた。

東京地検特捜部は４月末、旧ソ連諸国を支援する外務省関連団体「支援委員会」が発注した国後島の「友好の家」（通称・ムネオハウス）の建設工事をめぐって、鈴木元長官の公設第１秘書と地元の建設会社社長らを偽計業務妨害容疑で逮捕した。公設秘書らは、地元後援企業の建設会社が随意契約で有利に受注するよう、コンサルタント会社から事前に見積価格を聞き出すなどして入札を不調に終わらせたとされる。

さらに東京地検特捜部は５月、外務省が「支援委員会」に国際学会への派遣費用を不正支出させた事件で、鈴木元長官の側近と言われた外務省職員を背任容疑で逮捕。この外務省職員はのちに、「支援委員会」発注の国後島ディーゼル発電施設工事を総合商社「三井物産」が不正に入札した事件でも、偽計業務妨害容疑で再逮捕される。

次々に外堀が埋められ、「オレが狙いなんだから、早くオレをやればいい」と、いらだちを募らせる鈴木元長官本人にも、ついに捜査のメスが入る。法務・検察当局は6月、衆院に鈴木元長官の逮捕許諾を請求。容疑は、鈴木元長官が官房副長官だった98年8月、国有林の違法伐採で入札参加停止処分を受けていた地元北海道内の製材会社幹部から、処分期間中の損失を取り戻すため、処分後に事業を随意契約で受注できるよう林野庁に不正な口利きを請託され、見返りに現金500万円の賄賂を受け取ったとするあっせん収賄容疑だった。

逮捕許諾請求を審査した衆院議員運営委員会で弁明に立った鈴木元長官は、「不正な請託を受けて（林野庁に）働き掛けたという事実は全くない。受け取ったカネはあくまで官房副長官への就任祝いで、政治献金として処理した」と容疑を全面否定。「最初に鈴木宗男ありきで、私を犯罪者にする目的の捜査だ。検察の描いた通りに進められている」と検察当局を批判した。

衆院は6月19日の本会議で、鈴木元長官の逮捕許諾を全会一致で議決。鈴木元長官は東京地検特捜部に逮捕された。

これを受けて、衆院は同月21日の本会議で、民主、自由、共産、社民の野党4党が提出していた鈴木元長官に対する議員辞職勧告決議を全会一致で可決した。与党の反対で本会議への上程を２度にわたって阻止された議院辞職勧告決議案だったが、もはや自民党も鈴木元長官をかばうことはできなかった。衆院での議員辞職勧告決議の可決は初めてで、参院も含めるとオレンジ共済事件で詐欺罪に問われた友部達夫元参院議員に対する決議以来２例目。これに対し、鈴木元長官は接見した弁護士を通じて、「現在の問題は『時が明らかにしてくれる』と信じているので、院の決議ではあるが、辞任をするつもりはない」との談話を発表した。

さらに鈴木元長官は８月初め、北海道沖縄開発庁長官だった97年と98年に、地元北海道内の建設会社社長から北海道開発局発注工事の受注を増やせるよう請託を受け、同局幹部に便宜を図るよう指示し、その口利きの見返りとして計600万円の賄賂を受け取ったとして、受託収賄容疑で再逮捕された。

９月には、①衆院予算委員会での証人喚問で偽証したとして議院証言法違反（偽証）②資金管理団体の収支報告書に他の政治団体からの寄付1億円の収入および自宅購入費など計3600万円の支出を記入しなかったとして政治資金規正法違反（虚偽記入）――でも起訴された。

テレポリティックスの寵児の末路

2002年通常国会の開会中には、鈴木元長官の疑惑追及の急先鋒だった辻元清美社民党政審会長、鈴木元長官の天敵と言われた田中真紀子元外相という２人の女性政治家にも、国から支払われていた秘書給与をめぐって疑惑が発覚する。これにより、テレビをフルに活用し、歯に衣着せぬ発言とパフォーマンスで国民的人気を得たテレポリティックス（テレビ政治）の寵児たちは、政治の表舞台から消えて行く。

「何が忘れたですか。ど忘れ禁止法を適用したいぐらいですね、本当に」

「あなたは疑惑のデパートと言われているけれども、疑惑の総合商社ですよ」

「どうしてウソをつくんですか」

3月11日の鈴木元長官に対する証人喚問で、トレードマークの関西弁でこうまくし立てた辻元氏だが、わずか9日後に発売された週刊誌で、元参院議員の私設秘書から名義を借りて自らの政策秘書として登録し、政策秘書給与約1500万円を国からだまし取っていたとの疑惑を指摘される。

辻元氏は当初、記者会見で「記事の内容は事実と違い、心外だ。給与は本人の銀行口座に衆院から全額支払われていた」と反論し、疑惑を全面否定した。その後も「何でこんな波状攻撃を受けるんやろ。でも、絶対やり返してやる」と強気な言葉を記者団に語っていたが、秘書給与が本人の口座に振込まれたことを証明する書類が提示されることはなかった。

窮地に立たされた辻元氏は、民放テレビの報道番組に立て続けに出演して弁明する。辻元氏は、国から支払われた政策秘書給与を私設秘書の人件費に流用していたこと明かす一方で、「一種のワークシェアリング」などと詭弁を展開。しかし、それが政治資金規正法違反であることは、認めざるを得なかった。

テレビ番組で「参考人招致でも証人喚問でも呼んでくださ

い。議院辞職勧告決議案を、ぜひ出してほしい。加藤（紘一元自民党幹事長）、鈴木（宗男元北海道沖縄開発庁長官）を引き連れて辞めたる、とか思っている」などと、勇ましい発言を繰り返した辻元氏だったが、社民党の土井たか子党首からも突き放され、結局は議員バッジを外さざるを得なかった。

辻元氏の秘書給与流用問題では、土井党首の秘書による「指南」があったとの疑いも浮上したが、議員辞職後に行われた辻元氏に対する参考人質疑でも、真相はあいまいなまま終わった。

一方、田中元外相も4月初め、公設秘書給与の流用疑惑を週刊誌に報じられる。疑惑の概要は、田中氏が地元のファミリー企業「越後交通」からの出向者を公設秘書として雇用し、国から支払われた公設秘書給与は同企業に納め、そのうち5万円だけを公設秘書に手当てとして渡していた、というものだった。

田中氏は「秘書本人の希望で、会社からの出向扱いにした。給与は本人たちが開封せず会社に持っていき、担当者に渡した。会社の会計とは完全に別扱いにし、会社の給与基準をベースに諸手当を付加して支払った。結果として国からの給与はトータルで秘書に渡っている」と、疑惑を全面否定した。

田中氏は5月に開かれた自民党の政治倫理審査会、6月に開かれた党紀委員会の事情聴取でも疑惑を否定。党側は給与明細の提出などを求めたが、田中氏はその一部を提出しただけで追加提出要求を拒否した。このため、党紀委員会は「田中氏の協力拒否で全容が解明できない」などとする報告書をまとめ、同月20日、田中氏の党員資格を2年間停止する処分を決めた。

同党が初めて適用した党員資格停止処分は、離党勧告に次ぐ重い処分で、2年間という停止期間も最長期間だった。

自民党による疑惑解明が頓挫したのを受け、田中氏に対する追及は国会に委ねられ、田中氏は7月24日、衆院政治倫理審査会で審査を受ける。田中氏の審査は、衆参両院の政治倫理審査会として初めてマスコミに公開され、テレビでも中継された。

ここでも田中氏は「秘書の給与を流用したことは一切ございません」などと疑惑を全面否定。「国政一本でやってきた。その他のことは知らない」と、それまでと同様の主張を繰り返した。しかし、質問が核心に触れると、「そのことについては専門の先生が詳しく経緯を説明する」として、参考人の弁護士や会計士に答弁を委ね、自ら答えようとはしなかった。

結局、田中氏の疑惑の真相は解明されないまま、2002年の通常国会は7月31日に閉会するが、直後の8月9日、田中氏は突然、衆院議長公邸に綿貫民輔衆院議長を訪ね、議員辞職願を提出した。その際、田中氏は「衆院政治倫理審査会でいろいろ申し上げたが、疑惑がまだ晴れないとの結論になっている。国民の政治不信が高まることになるので、議員辞職したい」と述べたという。田中氏の辞職願は、国会閉会中のため本会議での議決を経ず、同日中に綿貫議長の職権で許可された。

田中角栄元首相の愛娘である田中氏は、父親ゆずりの巧みな弁舌で明快に人物や物事を論評し、人気を博した。

「小渕恵三（元首相）という人は百兆の借金を作って、日本一の借金王だと言って株を持ち上げたら、コロッと死んだ。あれを、おだ仏さんと言うんです」

これも“真紀子語録”の一つである。

外相時代には、スキャンダルまみれの外務省を「伏魔殿」と称し、外務官僚たちを敵役に仕立てて、役人と闘う政治家であることを国民にアピール。自らが窮地に立たされると、涙を見せて弱者を演じて見せた。

田中氏は、こうした政治手法で主婦層を中心に幅広いファンを獲得し、各種マスコミの調査で、常に「首相にしたい政治家」の上位にランクされた。だが、それは既成政治家に飽きた大衆におもねり、判官びいきの大衆心理をくすぐる「パフォーマンス政治」に過ぎなかった。

秘書の犯罪への“連座”

2002年通常国会は、秘書や元秘書の犯罪をめぐって国会議員が糾弾され、議員辞職あるいは離党を余儀なくされるケースも相次いだ。

通常国会開会に先立つ１月中旬、東京地検特捜部は鹿野道彦民主党副代表（衆院議員）の元秘書でコンサルタント会社取締役を、茨城県石岡市長らとともに競売入札妨害容疑で逮捕した。容疑は、同市などで組織する公営企業発注のコンピューター設備工事の入札情報を、事前に大手電機メーカーの営業担当者に漏らし、入札の公正を害したというものだった。

さらに、元秘書が取締役を務めていたコンサルタント会社から、鹿野氏の私設秘書や事務所職員が給与を受け取っていたことも明らかになり、鹿野氏は2月6日、民主党を離党した。元秘書は秘書時代に築いた人脈を利用し、さまざまな公共工事をめぐって贈賄工作を含めた「口利き」を行っていたことが判明。徳島県知事も収賄容疑で逮捕され、一連の事件をめぐって、鹿野氏は4月8日、衆院予算委員会の参考人質疑で追及を受ける。

一方、かつては首相候補のひとりと目されていた加藤紘一元自民党幹事長も、個人事務所代表の脱税疑惑が発覚。事務所代表は退職後の3月初め、建設会社などから口利き料として約2億7700万円を受け取りながら申告せず、所得税1億円余を免れたとして、所得税法違反（脱税）容疑で東京地検特捜部に逮捕された。

これを受けて加藤氏は同月18日、自民党を離党したが、同月末にはこの事務所代表が会計責任者を務めていた資金管理団体から、加藤氏個人の銀行口座に5年間で9000万円余が振り込まれていたことも露呈する。加藤氏の口座には毎月150万円から160万円が入金されており、うち110万円は加藤氏が住む東京・南青山のマンションの家賃に充てられていた。

加藤氏は当初、「マンションは政治活動の本拠地であり、毎日のように夜遅くまでさまざまな人と会合などに用いている。いわば事務所兼自宅だ。家賃全額を政治活動費として処理してきた」とコメント。4月8日に行われた衆院予算委員会での参考人質疑でも、加藤氏は「自宅は報道関係者と応対したり、スピーチの下書きなどをする仕事場だった」などと釈明したが、その一方で「公的政治活動の一環としてマンションを借り、一種の社宅の観念で使ってもいいと思ったが、判断が甘かった」と非を認めざるを得なかった。

参考人質疑の中で、加藤氏は衆院議員を辞職する意向を表明。翌日、議員辞職願は許可された。

次いで秘書の犯罪をめぐる責任問題は、三権の長にも波及する。追及の矛先が向けられたのは井上裕参院議長である。

疑惑の発端は4月初め、井上議長の政策秘書が公共工事の受注をめぐって、建設業者から裏金6400万円を受け取っていたと週刊誌が報じたことだった。井上議長は同月18日、参院与野党代表者会議で「ことの当初から私とは全く関係なく行われたものだ。疑惑は、いわれのないことだ」などと釈明し、疑惑を否定したが、翌日には国会混乱の責任を取って参院議長を辞任した。

この政策秘書は退職後の5月2日、地元千葉県内の自治体で構成する環境衛生組合発注の公共工事をめぐって、入札予定価格を同県鎌ヶ谷市助役から聞き出し、建設業者に漏らしたとして、競売入札妨害容疑で千葉地検に逮捕される。下請け業者の元社長は、この政策秘書から「井上のオヤジが仕切る話だ」などと持ちかけられ、裏金を渡したという。

井上氏は同日中に議員辞職願を提出。記者会見で「議員として秘書に対する監督責任を痛感し、政治的、道義的、社会的責任を取ることにした」と述べた。議員辞職願は、同月8日の参院本会議で許可された。

３人の政治家は、いずれも政界で地歩を固めてきた。鹿野氏は自民党所属当時、政治改革推進派のひとりとして論陣を張り、その後の政界再編の荒波を経て民主党の副代表に就任。加藤氏は小泉純一郎首相、山崎拓自民党幹事長とともに「ＹＫＫ」と称され、一時は首相の座をうかがう自民党改革の旗手として期待された。井上氏は地味な存在ながらキャリアを積み、三権の長である参院議長に上り詰めた。

直接的には秘書や元秘書による口利き行為と不正な金銭授受だったとはいえ、こうした秘書らの行為を放置したがゆえに失脚した３人の政治家が、政治不信を増幅させた責任は小さくない。

女性スキャンダル

世論の反応の変化

後に日本自由党の総務会長を務め、保守合同の実現に尽力した三木武吉氏は1946年４月に行われた戦後最初の衆院選で、こんなエピソードを残している。

選挙区の香川1区で開かれた立会演説会で、三木氏は対立候補のひとりから、

「ある有力候補のごときは、メカケを4人も連れている。かかる人物に……」

と批判された。この後、演壇に立った三木氏は、

「ある有力候補と、私の前にこの壇上に立った無力な候補は言われたが、その有力候補とは不肖三木武吉であります。無力候補の数字的間違いを、この席で訂正しておきます。私

にはメカケが４人あると申されたが、事実は５人であります。いずれも老来廃馬となって役には立ちませんが、これを捨てるごとき不人情は三木武吉にはできませんから、みな養ってはおります」
と切り返した。
この発言は騒ぎを巻き起こしたが、むしろ三木氏の人気は高まったと伝えられている。
「ソノチョク」の愛称で知られる園田直氏も、保守合同以前の民主党衆院議員だった1949年に、今日で言う「不倫」の末に思想信条を超えて労農党の松谷天光光衆院議員と結婚。「白亜の恋」と世間を騒がせた。園田氏はその後も当選を重ね、衆院副議長、厚相、外相などの要職を歴任した。
三木氏や園田氏のパーソナリティが女性問題を乗り越えさせたのかもしれないが、かつては今日に比べ、政治家の女性問題について世論が寛容だったと言えるだろう。
しかし、近年では、女性問題は政治倫理の問題の一つとして、政治家の進退に影響を及ぼすようになっている。
女性問題でつまずいた最も端的な例は、宇野宗佑首相である。女性側の証言で週刊誌に買春疑惑を暴かれ、国会でも追及された。首相に弁明の余地はなく、リクルート事件の後遺症、消費税導入に対する反発もあって、自民党は89年の参院選で与野党逆転の大敗を喫し、宇野首相は退陣に追い込まれた。その後継として発足した海部内閣では、内閣発足直後に山下徳夫官房長官の愛人疑惑が発覚、山下氏も辞任に追い込まれた。

選挙で敗北を招いた「政界失楽園」

園田氏と対照的なのが、船田元元経企庁長官のケースである。船田氏は小沢一郎、羽田孜両氏らと行動を共にし、宮沢内閣不信任決議案に賛成票を投じて自民党を離党。新生党、新進党の結党に参画し、一時は未来の首相候補と目される改革派の旗頭的存在だった。しかし、小沢氏との確執などを背景に、鳩山由紀夫氏らと共に新党結成の動きも見せたが、結局、新進党を離党後、無所属を経て自民党に復党した。

これと前後して、船田氏は畑恵参院議員との不倫関係が写真週刊誌などに報じられた。畑氏は船田氏と同様、新進党を離党して自民党に入党した。船田氏は当初、畑氏との関係を否定していたが、週刊誌、テレビのワイドショーなどで関係を重ねて報じられるうちに肯定するようになり、２人の関係は、不倫をテーマにした当時のベストセラー小説「失楽園」（渡辺淳一著）をもじって「政界失楽園」と言われた。

船田氏は99年３月に、それまでの夫人と離婚。同年5月に畑氏と結婚したが、こうした船田氏の行動は周囲の強い反発を買う。長年仕えた秘書が船田氏のもとを相次いで去ったほか、後援会の幹部、会員の離反も招いた。この結果、2000年６月の衆院選で、船田氏は栃木1区で新人の民主党候補・水島広子氏に敗れた。

選挙戦では、船田陣営の運動員が支援要請の電話で「船田」の名を出したとたんに電話を切られる事態が続出。主婦に塩をまかれる運動員もいたという。

「私のことで、マイナスからの出発だった。理解してもらう時間が、もう少しほしかった。今後、２人で力を合わせていきたい。生き返ってみせる」
というのが船田氏の敗戦の弁だった。

劇場化する女性スキャンダル

女性スキャンダルで最も典型的な辞任劇を演じたのは、森内閣の官房長官だった中川秀直氏である。中川氏のケースは2000年９月の元愛人の証言をまじえた写真週刊誌の報道に端を発し、他のメディアに波及した。

中川氏は当初、記者会見で「個人的なことを公式の場でコメントするのは避けたい」などと述べ、国会答弁でも「数年前の個人のことだから、公の場で回答することは差し控えたい」などとしてコメントを避けた。女性との関係そのものについては否定しない一方で、「個人的問題」として乗り切ろうという戦術だった。

しかし、10月になって、中川氏が電話で警視庁の覚せい剤犯罪に関する捜査情報を女性に漏らしたとされる会話の録音テープの存在が写真週刊誌に報じられると、国会での野党の追及に拍車がかかる。衆院内閣委員会で野党議員がテープの内容を読み上げ、その真偽をただしたのに対し、中川氏は「私に捜査情報が入るはずもないし、会話をした記憶もない。そのテープをどこから入手したのか明らかにしてほしい」などと反論した。

中川氏は同委員会で「私が聖人君子ではない短い期間があ

ったかもしれない」として女性との関係については認めたが、テープの内容については否定を重ねた。これに対し、写真週刊誌の出版社は問題のテープのコピーを民法テレビに提供し、その音声を複数の民放局が放送した。

男性「覚せい剤の関係で警察も動いているよ」

女性「私、でも、やってないです。悪いけど」

男性「警視庁の保安課が動いている。本当に」

女性「えっ、どういうことですか」

男性「いや、君の関係を内定しとるんだ」

こうした生々しいやり取りを録音したテープの音声がテレビで流れた。この放送の直後に中川氏は官房長官を辞任する意向を森首相に伝え、これを受けて森首相も中川氏の更迭を決断した。

その後、テープについて中川氏は記者会見で「何となく私の声に似ているような気がします」と述べ、自らの声であることを認めた。覚せい剤の捜査情報に言及したことについても、「ちょっと耳にはさんだような気がしたので、これは気を付けなきゃいかんという意味で言った」と事実関係を認めた。情報源に関しては「だれかから聞いたような気がする」と言葉を濁したが、いずれにしても中川氏が国会で虚偽答弁を繰り返したことは明白だった。

中川氏のケースは週刊誌やテレビによる醜聞報道によって、政治家の政治生命が左右される典型例となった。

本書は、読売新聞東京本社の中山智道、河野修三、穴井雄治、舟槻格致が執筆しました。

政治倫理Q&A

2003年 4 月28日　第 1 刷

[編著者]
読売新聞政治部

[発行者]
籠宮良治
[発行所]
太陽出版

東京都文京区本郷4-1-14　〒113-0033
TEL 03(3814)0471　FAX 03(3814)2366

装幀=遠山八郎
[印字]ガレージ [印刷]壮光舎印刷 [製本]井上製本
ISBN4-88469-319-1

政治倫理
Q&A

読売新聞政治部 編著